Kleine Lübecker Stadtgeschichte

Konrad Dittrich

Kleine Lübecker Stadtgeschichte

Verlag Friedrich Pustet
Regensburg

Umschlagmotiv:
Lübeck: Markt mit Marienkirche und Rathaus.
Kol. Kupferstich von Wilhelm Jury, um 1820,
nach einer Zeichnung von Anton Radl.
Foto: ullstein bild

Bibliografische Information der Deutschen Nationalbibliothek

Die Deutsche Nationalbibliothek verzeichnet diese Publikation in der Deutschen Nationalbibliografie; detaillierte bibliografische Angaben sind im Internet über http://dnb.d-nb.de abrufbar.

www.pustet.de

ISBN 978-3-7917-2072-2

Umschlaggestaltung: Kulturdesign Anna Braungart, Tübingen
Gesamtherstellung: Friedrich Pustet, Regensburg
Printed in Germany 2007

Inhalt

Vorwort 9

Gründungen, Geburtswehen, Aufstieg 11

Alt-Lübeck in der Niederung 11
Ein christliches Familienschicksal 12
Ein slawischer Name 15
Graf Adolf als Stadtgründer 16
Adolf II. 18
Heinrich der Löwe als neuer Stadtherr 19
Johannes auf dem Sande 21
Kaiserlicher Besuch 22

Auseinandersetzungen mit Dänemark 24

Lübeck wird dänisch 24
Entscheidung bei Bornhöved 25
Maria Magdalena half 26

Neues Recht, neue Katastrophen 27

Lübisches Recht 27
Interregnum 29
Stadtfriede wird gebrochen 31
Stadtbrände von 1251 und 1276 31
Baumaterial Backstein 34

Wirtschaftliche Weltmacht: Die Hanse 35

Ein neuer Städtebund 35
Neue Formen der Wirtschaft 36
Hansetage machen Politik 36
Das Rathaus 37
Krieg gegen König Atterdag 39
Kaiserbesuch aus dem fernen Prag 41
Die dänische Thronfolge 42

Handel und Kaufmannschaft 44
Fischindustrie im Mittelalter 46
Die Kontore 48

Unruhige Zeiten, neue Gedanken 50
Aufstände 50
Der Knochenhaueraufstand 50
Alter und neuer Rat 52
Revolutionäre Gedanken 53
Kampf gegen Erich Pommer 54
Sieben goldene Türme 56
St. Annen-Museum 62
Bischof und Stadt 62
Frühes Zentrum der Buchdruckerkunst 63

Die Reformation als Volksbewegung 65
Die Reformation 65
Neue Steuern, neuer Glaube 65
Der Singekrieg 66
Neue Stadtordnung 68
Wullenwevers Abenteuer 70
Bürger als Mäzene 72
Die Lage um 1600 73
Bei Zar Boris Godunow 73
Der Dreißigjährige Krieg 74
Allgemeine Kasse und Bürgerrezess 76
Visitationen bei den Unzünftigen 76
Der Bürgerrezess von 1669 78
Soziale Rangordnung 79
Lübeck und die „Andersgläubigen“ 80
Schutzjuden 81
Synagogen 82

Lübeck im 18. Jahrhundert 84
Zweimal Krieg 84
Jahrzehnte des Friedens 86

Musik und Theater 87
Dietrich Buxtehude 88
Die Gemeinnützige 89

Krieg in der Stadt: Tage des Schreckens 92
Die Franzosenzeit (1806–1813) 92
Kampf um Lübeck 93
Straßenschlachten 94
Ein Hoch auf den Zaren 97
Schlachter Jürgen Prahl 98

Politische Neuordnung und Veränderung des Stadtbilds 99
Mitglied im Deutschen Bund 99
Schuldenabbau 100
„Satansding" Dampfschiff 101
Die deutsche Einheit 103
Verfassung von 1848 104
Die Nationalversammlung tagt 105
Moderne Zeiten 106
Der Wall fällt 107
Kampf fürs Holstentor 108
Die neue Flagge 109
Im deutschen Kaiserreich 109
Emanuel Geibel 110
Moderne Wasserwege 112
Industrialisierung 113
Emil Possehl 114
Stadterweiterung 116
Die Vorstädte 116
Travemünde: Vom Fischerdorf zum Seebad 117
Schlutup: Grenze und Fischindustrie 119
Lübecker Werften 121
Weltenbummler Henry Koch 122
Erfinder Heinrich Dräger 124
Kulturelles Leben 125
Furtwängler als Vereinsdirigent 126
Johann Friedrich Overbeck 128
Heinrich und Thomas Mann 129

Weltkrisen und Weltkriege 131
Der erste Weltkrieg 131
Der Matrosenaufstand 131
Parteien wirken mit 133
Die Weimarer Zeit 134
Die Weltwirtschaftskrise 136
Lübeck unter dem Hakenkreuz 138
Leber und Solmitz 139
Die Bombennacht 143
Die Lübecker Märtyrer 143
Das Kriegsende 144
Tragödie in der Lübecker Bucht 145

Wiederaufbau: Die Zeit nach 1945 146
Unter britischer Verwaltung 146
Neubeginn 148
Hunger nach Kultur 149
Fährverkehr, Flughafen, Tourismus 151
Hansetage der Neuzeit 153
Grenzöffnung 1989 153

Lübeck nach der Jahrtausendwende 155

Zeittafel 158

Die Bürgermeister seit 1917 162

Literatur 163
Register 165
Ortsregister (allgemein) 165
Ortsregister (Lübeck) 167
Personen 169
Karte von Lübeck 174
Internetadressen 176
Bildnachweis 176

Vorwort

Königin der Hanse, Freie Reichsstadt, Stadt der Sieben Goldenen Türme, Stadt der Buddenbrooks und dreier Nobelpreisträger, UNESCO-Weltkulturerbe, Hort der Backsteingotik – Lübeck hat viele Ehrentitel. Obwohl die Kriege Wunden geschlagen haben, bieten viele Straßenzüge der von Wasserläufen eingefassten Altstadtinsel noch immer ein Bild großer Geschlossenheit. Die Stadt ist Touristenmagnet für Kurzurlauber. Vorbei sind die Zeiten, da im Rathaus auf den Hansetagen nicht nur über Wirtschaftsfragen, sondern oftmals auch über Krieg und Frieden diskutiert wurde. Dennoch klingen die alten Zeiten an, wenn die Stadtführer Tagesbesucher durch das Rathaus, die Gänge oder die berühmten gotischen Gotteshäuser führen, und wie zur Blütezeit der Hanse erklingen in den Kirchen die Orgeln, an denen einst Dietrich Buxtehude präludierte und zusammen mit Besuchern wie Georg Friedrich Händel oder Johann Sebastian Bach musizierte. Zu alten kulturellen Aktivitäten sind neue getreten: Das Schleswig-Holstein Musik Festival hat hier seinen Sitz, und die Nordischen Filmtage bieten seit einem halben Jahrhundert ein Festival des skandinavischen und baltischen Films. Aber schließlich lebt man nicht im Museum.

Zu Lübecks Geschichte gibt es zahlreiche Einzeldarstellungen, seit langem aber keinen Gesamtüberblick. Eine „kleine Stadtgeschichte“ kann nicht auf jede Einzelheit eingehen, die berichtenswert wäre. Sie kann vieles nur andeuten. Das eigene Forschen erhält dadurch womöglich Anregungen, wie sie zum Beispiel auch die Jahresbände des verdienstvollen „Vereins für Lübeckische Geschichte und Altertumskunde“ bieten. Auf jeden Fall stimmt ein Satz, den der aus Kiel stammende frühere Bürgermeister Dr. Robert Knüppel formulierte: „Diese Stadt macht den vernünftigsten Menschen im Handumdrehen zum Lübecker.“

Lübeck, im Frühjahr 2007 Konrad Dittrich

Lübecks Altstadt ist von Wasserläufen umgeben, seit 1900 tatsächlich eine Insel. Im Zentrum erhebt sich die Marienkirche, links am Bildrand die 1994 vollendete Musik- und Kongresshalle.

Gründungen, Geburtswehen, Aufstieg

Alt-Lübeck in der Niederung

Jede Stadt, die etwas auf sich hält, ehrt ihren Gründer, feiert ihre Jubiläen. Lübeck kann gleich mit mehreren Gründungen aufwarten. Die einstige „Königin der Hanse“ hat zudem nicht nur einen Stadtgründer, sondern deren zwei: Graf Adolf II. von Schauenburg und Welfenherzog Heinrich den Löwen. Graf Adolf gründete den wichtigen Ostseehafen im Jahre 1143, der Löwe 16 Jahre später zum zweiten Mal. Nicht genug damit. Wesentlich älter ist eine Siedlung, 7 km vom späteren Stadtzentrum entfernt, die in den Geschichtsbüchern „Alt-Lübeck“ genannt wird. Von ihr übernahm die spätere Stadt den Namen, die eingedeutschte Form des slawischen Liubice.

Alt-Lübeck entstand als Siedlung mit Herrscherburg auf einer Landzunge am Zusammenfluss zweier Flüsse, der Trave, die den Zugang zur Ostsee herstellte, und der Schwartau. Hier wurde Handel getrieben, lebten Handwerker, bemühten sich christlich gesonnene slawische Fürsten um die Verbreitung des neuen Glaubens. Aber der Ort lag ungeschützt im flachen Land. Mehrere Male wurde Liubice von See her überfallen und geplündert.

Die politische Lage in Nordelbien, im Nordosten des deutschen Reiches, war über Jahrhunderte von blutigen Auseinandersetzungen zwischen heidnischen Slawen und christlichen Sachsen bestimmt. Karl der Große, der die Sachsen zum Christentum bekehrte, wollte die Grenzen durch neue Marken schützen. Spätere Herrscher verfolgten ähnliche Ziele. Die Grenzen waren offen, Kämpfe zwischen Sachsen, die mit den Deutschen gleichgesetzt wurden, und Slawen verwüsteten und entvölkerten weite Landstriche. Durcheinander geraten waren die Stämme bei der Völkerwanderung. Ostgermanen zogen nach Westen und Süden, Angeln und Sachsen zum Beispiel in das von den Römern aufgegebene Britannien. Slawische Stämme, die insgesamt auch als Wenden bezeichnet werden, rückten nach. Im westlichen Mecklenburg, bis zur Trave hin, siedelten die Obotriten (Abotriten). Rund um Oldenburg lag das Gebiet der Wagrier. Südlich Lübecks, in der Gegend von Ratzeburg, waren die Polaben sesshaft geworden. Als Grenzlinie nennt Erzbischof Adam von Bremen in seiner „Hamburgischen Kirchengeschichte“ 1070 den *Limes Saxoniae*. Dieser Limes teilte das heutige Schleswig-Holstein in Nord-Süd-Richtung, führte vom Meer bis an die Elbe. Östlich dieser Linie siedelten die heidnischen Wenden, westlich des Limes die christlich gewordenen Stormarner, Holsten und Dithmarscher.

Der *Limes Saxoniae* war keine exakte Linie, schon gar keine Mauer. Es war ein nicht genau definierter Landstreifen, in dem und an dem die Geschicke hin und her wogten. In der erwähnten Chronik des Bremer Erzbischofs begegnet uns erstmals der Name Liubice (Alt-Lübeck). Der kleine Ort am Ende des Fernhandelsweges Lüneburg-Bardowick-Ratzeburg sollte Bedeutung für die Wendenmission bekommen. In der Burg von Alt-Lübeck residierte in der ersten Hälfte des 11. Jahrhunderts, bis 1066, ein christlicher Obotritenfürst namens Gottschalk. An seinem Schicksal lässt sich die Situation des Christentums in Nordelbien gut aufzeigen.

Ein frühchristliches Familienschicksal

Gottschalks Vater Uto, slawisch Pribignew, wagte nicht, sich offen zum neuen Glauben zu bekennen. Seinen Sohn aber schickte er auf die Klosterschule im niedersächsischen Lüneburg. Als Uto um 1028 von einem sächsischen Adligen erschlagen wurde, vergaß Gottschalk seine christliche Erziehung und rief die Stammesgenossen zur Rache an den Christen auf. Gottschalks Mannen unternahmen grausame Streifzüge. Sachsenherzog Bernhard nahm Gottschalk gefangen, schenkte ihm aber das Leben. Gottschalk begleitete Dänenkönig Knut den Großen (1014–1035) auf dessen Feldzügen in England. Unter dem Einfluss der Dänen wandte Gottschalk sich wieder einer christlichen Politik zu. Mit Hilfe der Dänen wurden einige obotritische Stämme im Grenzland besiegt. Gottschalk wurde in die Rechte seines Vaters eingesetzt. Er schloss ein Bündnis mit dem seit 1043 amtierenden Erzbischof Adalbert von Bremen und Hamburg, der sich die Mission im Wendenland zum Ziel gesetzt hatte. Die von Gottschalk erweiterte Anlage Alt-Lübeck wurde Stützpunkt der Mission. Spätestens um 1050 wurde innerhalb des Ringwalls eine Feldsteinkirche errichtet, deren Grundmauern bei den seit 1852 erfolgten Ausgrabungen gefunden wurden.

Unter Gottschalks tatkräftiger Führung entwickelte sich der kleine Hafen zu einer Konkurrenz für Haithabu bei Schleswig. Am dänischen Hof genoss der Obotritenfürst Ansehen. König Sven Estridsen gab ihm seine Tochter Sigrid zur Frau. Gottschalk half um 1060 dem Erzbischof, das frühe, zwischenzeitlich von Slawen verwüstete Bistum Oldenburg neu zu errichten. In dem dünn besiedelten Gebiet hat sich die Diözese nie recht entfalten können. Größere Blüte erlangten die neuen Bistümer Ratzeburg und Mecklenburg. Im eigenen Volk stießen Gottschalks Missionsbemühungen auf wenig Gegenliebe. Seine Stammesgenossen nahmen ihm ferner die guten Beziehungen zu Sachsen und Dänen übel.

Zu neuen Kämpfen kam es 1066. Hamburg wurde verwüstet, ebenso das Land um Oldenburg. Rund tausend christliche Märtyrer starben in Wagrien, darunter 60 Priester, die verstümmelt und gefesselt durchs Land getrieben wurden. In Ratzeburg wurde am 15. Juli 1066 Abt Ansverus mit seinen Klosterbrüdern umgebracht. Der erneute Versuch einer Missionierung der Slawen endete wie ähnliche Bemühungen zuvor in einer Katastrophe. Während eines Gottesdienstes am 7. Juni 1066 in der Kirche zu Lenzen an der Elbe wurde Fürst Gottschalk ermordet. Die Siedlung Alt-Lübeck fiel den Flammen zum Opfer. Seine Frau Sigrid konnte sich mit den Söhnen Buthue (Bodivoj) und Heinrich nach Dänemark retten. Treibende Kraft hinter den Aufständen war Obotritenfürst Kruto, der in Oldenburg und auf dem späteren Lübecker Stadthügel Buku Burgen unterhielt. Von dort aus hatte er Alt-Lübeck in der Ebene gut im Blick. Kruto konnte seine Macht über weite Teile des Obotritenreiches ausdehnen.

Unterdessen wuchsen die Söhne Gottschalks am dänischen Hof heran. Natürlich war ihnen als Erziehungsziel vorgegeben, den Vater zu rächen und sein Erbe zu erringen. Butthue, der ältere Sohn, kam 1071 bei der Belagerung einer Burg Krutos ums Leben. Besser erging es seinem Bruder Heinrich zwei Jahrzehnte später. Er war zu einem Fest auf der Burg Plön geladen, an dem auch Kruto teilnahm. Angeblich wollte dieser sich des Konkurrenten durch List entledigen, da er ihn in offener Schlacht nicht besiegen konnte. Berauscht soll Kruto beim Fest aufs Lager gesunken sein, wo ein dänischer Knecht ihn mit der Streitaxt erschlug. Heinrich heiratete die junge Witwe des Obotritenfürsten, Slawina, die angeblich ihres wesentlich älteren Gatten überdrüssig war. Mit Unterstützung von Sachsenherzog Magnus und mit Hilfe der Holsten und Stormarner besiegte Heinrich die Anhänger Krutos 1093 bei Schmielau, unweit von Ratzeburg.

Heinrich errichtete die Residenz seines Vaters Gottschalk neu. Der alte Ringwall wurde durch einen höheren ersetzt und zusätzlich mit Palisaden verstärkt. Dieser Burgwall umschloss keine große Siedlung. Man schätzt das von ihm umschlossene Areal auf hundert Meter im Durchmesser. Nachgewiesen sind außer Burg und Kirche Blockbauten, Wege und Zäune.

Neue Erkenntnisse über Alt-Lübeck brachten in den letzten Jahrzehnten des 20. Jahrhunderts Grabungen des dänischen Archäologen Hellmuth Andersen. Mit Hilfe der Dendrochronologie konnte er das Alter der verwendeten Hölzer bestimmen. Sie gehen zurück bis ins Jahr 817. Insgesamt lassen sich die Funde in Alt-Lübeck zwei Siedlungsperioden zuordnen, einer frühslawischen Siedlung des 9. und einer spätslawischen des 11. Jahrhunderts. Die Burg lag praktisch auf einer Insel, seit ein künstlich angelegter Graben die beiden Flüsse Trave und Schwartau verband. Außerhalb dieser Insel und zu Füßen der Burg hatten sich Handwerker, Fischer und Händler angesiedelt, die Waren von der See auf den Landweg umluden und umgekehrt. Zwischen 500 und 1000 Menschen mögen hier in ruhigen Zeiten gelebt haben. Nachdem

Heinrichs Macht gefestigt war, nahm er die Missionspläne seines Vaters wieder auf. Erzbischof Adalbero II. (1123–1148) schickte den sächsischen Missionar Vicelin ins Land. Vicelin stammte aus Hameln an der Weser, 1126 besuchte er in Alt-Lübeck Heinrich, der sich inzwischen „König der Wenden" nannte. Aber die Pläne, Alt-Lübeck zum Ausgangspunkt neuer Missionsbemühungen zu machen, zerschlugen sich, als Heinrich am 22. März 1127 von heidnischen Priestern erschlagen wurde. Vicelin zog sich ins Kloster Faldera, das spätere Neumünster, zurück. Allerdings schickte er zwei seiner Mitbrüder als Priester nach Alt-Lübeck, wo Heinrichs Sohn Sventipolk die Nachfolge angetreten hatte.

Friede war nicht in Sicht. Die deutsche Reichsmacht konzentrierte sich auf den Süden Europas. Die Grenzregion im Norden geriet erst später, mit dem Aufblühen des Seehandels, in den Blickpunkt des Interesses. Auf das offen im flachen Land liegende Alt-Lübeck sind weitere Angriffe verübt worden. Dabei zeichneten sich die wilden Ranen, die Bewohner der Insel Rügen, aus. 1129 verwüsteten sie die Siedlung, die ihr Anführer Race 1138 endgültig zerstörte. In den feuchten Niederungen wuchs Gras über die alten Geschichten aus der Zeit des ersten Lübeck.

Ein slawischer Name

An der Stelle des heutigen Lübeck stand in slawischer Zeit die Burg Buku. Auf den neuen Ort an dieser Stelle wurde nach 1143 der Name des untergegangenen Alt-Lübeck, Liubice, übertragen, zunächst Lubeke geschrieben, später eingedeutscht. Der Name Liubice wird in älteren Geschichtswerken als „Die Liebliche" gedeutet. Neuere Forschungen weisen darauf hin, dass Liubice ebenso gut vom slawischen Vornamen Ljub oder Ljuba abgeleitet sein könnte, dem die deutsche Endung -ici oder -ice angehängt wurde. Dann würde der Siedlungsname die Nachfahren eines Stammesfürsten dieses Namens meinen oder, noch romantischer, die Angehörigen einer slawischen Fürstin. Die Schreibweisen Liubice, Lubike, Lubika, Lubeka ließen sich durch niederdeutschen Einfluss erklären, denn „bek" oder „beke" bedeuten Bach. Eine weitere Deutung, die im 15./16. Jahrhundert viele Befürworter fand, leitet sich vom polnischen

Liubice = Krone her. Damit wurde auf die Führungsrolle Lübecks in der Zeit der Hanse hingewiesen. So sang man damals: „Lubeke, aller Steden schone, van rieken eren dragestu de Krone“ (Lübeck, aller Städte schöne, von reichen Ehren trägst du diese Krone). Kaiser Wilhelm II. nannte Lübeck bei einem Besuch im Jahre 1891 die „deutscheste aller deutschen Städte“. Das einzige, was wirklich fest steht: Der Name Lübeck ist nicht germanischen Ursprungs.

Graf Adolf als Stadtgründer

Eine neue Phase der Entwicklung an der deutschen Nord-Ost-Grenze setzt mit der Erhebung Lothars von Süpplinburg zum Herzog der Sachsen ein. Im Jahr 1106 wurde Lothar Nachfolger von Herzog Magnus, 1110 belehnte er die Grafen von Schauenburg, deren Stammschloss bei Rinteln an der Weser lag, mit den Grafschaften Holstein und Stormarn. Auf Adolf I. folgte 1130 Adolf II., der im Grenzland ein Fernhandelszentrum gründen wollte. Er entschied sich 1143 gegen Alt-Lübeck und für den Hügel, auf dem Kruto seine Burg hatte. Die Flüsse Trave und Wakenitz umgreifen hier einen etwa zwei Kilometer langen, damals von Buchenwald bestandenen Hügel. Lediglich im Norden bei der Burg Krutos gab es eine Landverbindung, die sich leicht schützen ließ. Das neue Lübeck, auf das die alte Bezeichnung Liubice beziehungsweise Lubeke übertragen wurde, lag einige Meter über dem Meeresspiegel, war dadurch vor Hochwasser geschützt. Die Entfernung zur See betrug auf dem gewundenen Lauf der Trave 24 km, über Land fast 10 km weniger. Die Trave hatte für damalige Schiffe genügend Tiefgang. Der Platz war schon von der Lage her geradezu zum Erfolg bestimmt.

Über die Vorgänge in Wagrien und im Lübecker Gebiet sind wir durch die sogenannte Slawenchronik des Bosauer Priesters Helmold (ca. 1120–1177) gut unterrichtet. Helmold war Schüler Vicelins, wurde um 1150 Mönch in Neumünster (Faldera), kam nach Bosau am Plöner See. Hier verfasst er seine *Cronica Slaworum*, in der er die Ereignisse bis 1171 schildert. Er beschreibt darin u.a. die für die Entwicklung

Jahrhunderte lang wurde in Lübeck gebaut. Dieser Holzschnitt stammt aus der Weltgeschichte „Rudimentum Novitiorum“ des Lucas Brandis.

wichtigen Werbemaßnahmen des Schauenburger Grafen: „Da das Land verlassen war, schickte der Graf Boten nach Flandern und Holland, Utrecht, Westfalen und Friesland, dass jeder, der zu wenig Land hatte, mit seiner Familie kommen sollte, um den schönsten, geräumigsten, fruchtbarsten, an Fisch und Fleisch überreichen Acker nebst günstigen Weidegründen zu erhalten. Den Holsten und Stormarnern ließ er sagen: Habt ihr euch nicht das Land der Slawen unterworfen und es mit dem Blute eurer Brüder und Väter bezahlt? Warum wollt ihr als Letzte kommen, es in Besitz zu nehmen? Seid die Ersten, wandert in das liebliche Land ein, bewohnt es und genießt seine Gaben, denn euch gebührt das Beste davon. Darauf brach eine zahllose Menge aus verschiedenen Stämmen auf, nahm Familien und Habe mit und kam zu Graf

Adolf." Woher sie kamen, lässt sich an Familiennamen erkennen. Westphal, Westfehling, Fehling deuten auf Vorfahren in Westfalen hin, Reimers, Reimer, Reimann, Rinsche auf Menschen vom Rhein. Sass oder Sasse hatten Vorfahren in Sachsen. Die Flemmings stammen aus Flandern und die Familien Holst oder Hülst aus dem benachbarten Holstein.

Die neue Stadt des Grafen entwickelte sich zu einem erfolgreichen Handelsplatz. Aber noch immer herrschte kein Friede. 1147 drangen feindliche Schiffe des Obotritenfürsten Niklot in die Trave ein. Sie hatten sich für ihren Überfall die Nacht nach dem Johannisfest ausgesucht und überraschten die Bürger im Schlaf. Zwar wurde von der Burg ein Reiter in die *civitas* der Kaufleute und Handwerker geschickt, um die Bürger zu wecken. Trotzdem vernichteten die Obotriten zahlreiche Schiffe im Hafen. Die aus Holz gebauten Häuser fingen Feuer. An die 300 Menschen, so berichtet Helmold, fanden den Tod. Niklot belagerte zwei Tage lang die Burg, konnte sie aber nicht einnehmen. Lubeke wurde wieder aufgebaut. Graf Adolf errichtete in der Nähe der Travemündung einen Wachturm, um Feinde früher auszumachen. Handel und Handwerk, Fischerei und Landwirtschaft erholten sich von Niklots Überfall.

Adolf II.

Lübecks Stadtgründer, Graf Adolf II. von Schauenburg, tritt 1130 unvermittelt in die Geschichte ein. Manche halten 1130 für sein Geburtsjahr. Andere Werke nennen das Jahr 1128. Beides kann nicht stimmen, weil Adolf dann als Kind Lübeck gegründet, vor allem sich mit dem mächtigen Sachsenherzog Heinrich dem Löwen gestritten hätte. Die Chronisten interessierten sich nicht für seine Jugend, weil er als Herrscher nicht vorgesehen war. Sein Vater Adolf I. schickte ihn zum Studium ins Kloster. Regieren sollte später der Erstgeborene, Hartung. Der starb unerwartet 1126. Dadurch wurde Adolf ins politische Leben geholt. Am 13. November 1130 stirbt der Vater, der Unerfahrene tritt die Nachfolge an. Die erste Schlacht im Spätsommer 1131 gegen die Dänen misslang gründlich. Schuld wird seinen Soldaten gegeben, die vor dem Feind Reißaus nahmen. Adolf rettete sich, indem er die Eider durchschwamm. Seinen Wohnsitz nahm er auf der Burg von Segeberg.

Seine bedeutendste Tat war die Gründung Lübecks auf dem Hügel Buku 1143. Wegen der neuen Kaufleute- und Hafenstadt hatte er Streit mit Heinrich dem Löwen. Schließlich gab Adolf nach, er war stets zuverlässige Stütze des sächsischen Herrschergeschlechts. Da er Verhandlungslösungen kriegerischen Auseinandersetzungen vorzog, war er gegen den von Bernhard von Clairvaux propagierten Kreuzzug gegen die Wenden. Die Folgen des Beschlusses bekam er zu spüren. Obotritenfürst Niklot, der von dem Vorhaben erfahren hatte, brannte 1147 Lübeck nieder. Adolf war Heerführer, als Heinrich der Löwe 1164 zum Rachefeldzug rüstete. Bei Gefechten am Kummerow-See in Mecklenburg wurde Adolf II. am 6. Juli 1164 tödlich verwundet. Nach dem Bericht des Chronisten Helmold von Bosau brach Heinrich in Tränen aus, als er vom Tod Adolfs erfuhr und sorgte dafür, dass der Leichnam im Dom zu Minden neben dem des Vaters beigesetzt wurde. Adolf III., des Grafen einziger Sohn, folgte ihm nach.

Heinrich der Löwe als neuer Stadtherr

Der wirtschaftliche Erfolg der neuen Stadt war bald so groß, dass der Lehnsherr der Schauenburger Grafen, Welfenherzog Heinrich der Löwe (1129–1195), das am Rückgang seines Handelsplatzes Bardowick zu spüren bekam. Bardowick liegt am linken Elbeufer, unweit von Lüneburg. Salz war damals ein begehrter Artikel. Große Mengen des weißen Goldes wurden benötigt, um den nordischen Hering zu konservieren, der in christlichen Landen als Fastenspeise gefragt war. Hering wurde in den Laichgründen vor Rügen und Schonen massenweise gefangen und eingesalzen auf die Märkte geschickt. Da es in Skandinavien kein Steinsalz gibt, wurde über Lübeck Salz exportiert, das aus den Salinen von Lüneburg kam. Inzwischen aber waren in Oldesloe in der Nähe Lübecks Salinen erschlossen worden, so dass die Lübecker den umständlichen Weg nach Lüneburg nicht mehr brauchten.

Herzog Heinrich verlangte von Graf Adolf II. die Abtretung der Stadt Lübeck oder doch 50 Prozent der Einnahmen. Der Graf lehnte ab. Als Antwort belegte Heinrich die Stadt mit einem Handels- und Marktverbot. Die Oldesloer Salinen ließ er zuschütten. Lübecks Kaufleute forderte er auf, in eine von ihm neu gegründete Stadt umzuziehen. Diesem Ort gab Heinrich den Namen Löwenstadt. Er lag einige Kilometer wakenitzaufwärts und wurde, wirtschaftlich gesehen, ein Flopp. Die Wakenitz war zu flach für größere Schiffe. Ladungen von See mussten auf Kähne umgeladen oder lange Strecken über Land befördert werden. Aus der Konkurrenz zu Lübeck wurde jedenfalls nichts.

Da traf den Handelsplatz des Grafen eine neue Katastrophe. Große Teile wurden 1157 ein Raub der Flammen. Stadtbrände waren damals, als hauptsächlich mit Holz gebaut wurde, keine Seltenheit. Die Kaufleute wandten sich an Herzog Heinrich und fragten, ob sie mit einer Aufhebung der Handelsverbote rechnen konnten. Es hätte sich sonst nicht gelohnt, die Stadt wieder aufzubauen. In dieser Situation einigten sich Herzog und Graf. Adolf gab nach und überließ Heinrich den Siedlungsplatz zwischen Trave und Wakenitz. Lübeck entstand neu, wurde praktisch zum zweiten Mal gegründet, diesmal von Heinrich dem Löwen, der seine Löwenstadt so schnell aufgab, dass heute nicht sicher ist, wo genau sie eigentlich gelegen hat.

Heinrich förderte die neue Stadt großzügig. Er erlaubte den Kaufleuten, einen Rat zu bilden, der die eigenen Angelegenheiten regelte, verlieh dem Ort Münz- und Zollrechte, nahm die Schifffahrt unter seinen Schutz und gestattete den Kaufleuten aus Gotland, Partnern der Lübecker, in seinen übrigen Territorien Handel zu treiben. Mit Dänemark erfolgte reger Warenaustausch; Heinrich der Löwe und Dänenkönig Waldemar I. kamen gut miteinander aus.

Im Jahre 1149 war der bereits erwähnte Prediger Vicelin zum Bischof von Oldenburg ernannt worden. Der durch häufige Überfälle fast bedeutungslos gewordene Ort war nicht das Richtige für einen begabten Kirchenpolitiker. So verlegte Vicelin seine Residenz nach Eutin. Vicelins Nachfolger Gerold bat 1160 den Welfenherzog, seinen Bischofssitz ins aufstrebende Lübeck verlegen zu dürfen. Herzog Heinrich konnte das nur recht sein, wertete es doch die Bedeutung seiner jungen Stadt auf. 1163 wurde in Anwesenheit Heinrichs und des Bremer

Der Braunschweiger Löwe vor dem Lübecker Dom erinnert daran, dass Welfenherzog Heinrich den Grundstein zu diesem Gotteshaus legte.

Erzbischofs Hartwig der Grundstein für ein *oratorium*, ein hölzernes Bethaus gelegt, Vorgängerbau des Domes. Im gleichen Jahr starb Bischof Gerold.

Johannes auf dem Sande
Den Grundstein zum Backsteindom legte Heinrich der Löwe 1173. Da diese Backsteinkirche eine lange Bauzeit erfordern würde, war schon um 1170 eine Kapelle errichtet und dem Evangelisten Johannes geweiht worden. Sie trug den Namen „Johannes auf dem Sande“. Die merkwürdige Bezeichnung rührt von einer hellen Sandschicht her, die seit der letzten Eiszeit weite Teile des Stadthügels bedeckte und bis zu fünf Meter mächtig war. Die Kapelle diente während der Bauzeit des Domes als Provisorium. Auf dem Stadtstich von Elias Diebel (1552) ist ihr die Bezeichnung „Erste Kirche in Lübeck“ beigegeben. Es war das erste aus Stein errichtete Gotteshaus. Als der Bau später nicht mehr genutzt wurde, verfiel er, stürzte 1648 teilweise ein und wurde 1652 abgebrochen.

Auf der Ostseite der Stadt, zur Wakenitz hin, gründete Bischof Heinrich, der Nachfolger Gerolds, 1177 das Benediktinerkloster St. Johannis. Mönche wurden aus dem Aegidien-Kloster

Braunschweig berufen. Damals war die Aufteilung der Stadt klar umrissen. Die landesherrliche Burg bewachte den Zugang zum Stadthügel im Norden. In entgegengesetzter Richtung, nach Süden, waren der Dom und die Kurien entstanden. Die *civitas*, die Bürgersiedlung, befand sich dazwischen, im heutigen Bereich von St. Petri und dem Markt, wo eine der Gottesmutter Maria geweihte Kirche entstand. Der älteste Hafen lag zu Füßen der Kaufleutestadt, wahrscheinlich zwischen Alf- und Braunstraße, beim Straßenzug An der Untertrave. Eventuell wurden die Schiffe in der Frühzeit etwas weiter südlich be- und entladen, unterhalb des Petrihügels. Unter Heinrich dem Löwen könnte der Hafen weiter traveabwärts entstanden sein. Nach der Errichtung einer ersten Holstenbrücke konnten die Schiffe nur in den nördlichen Teil einlaufen. Helmold erwähnt neben der *civitas* ein Forum, eine Gruppe öffentlicher Gebäude.

Kaiserlicher Besuch

Lübecks Schicksal war gegen Ende des Gründungsjahrhunderts eng mit dem Heinrichs des Löwen verknüpft. 1180 zog der Herzog sich den Zorn des Kaisers zu. Zwar war der Staufer Friedrich Barbarossa ein Vetter Heinrichs. Gleichwohl tat er ihn in die Reichsacht, nachdem dieser ihn bei Kämpfen in Italien nicht unterstützt hatte. Heinrich wollte seine Herzogtümer Sachsen und Bayern nicht aufgeben. Kaiser Friedrich vertrieb ihn mit Heeresmacht. Vor Lübeck, das dem Herzog den Treueid geschworen hatte, erschien Barbarossa im Sommer 1181 mit Truppen. Die Stadt wurde beschossen. Die Bürger schickten den Bischof als Vermittler ins kaiserliche Lager. Der Bischof vereinbarte mit dem Herrscher, dass Boten zum Herzog gesandt werden durften, der sich in seiner Feste Stade aufhielt. Sie sollten um die Entlassung aus dem Treueid bitten, was Heinrich gewährte. Daraufhin öffnete Lübeck dem Kaiser die Tore. Friedrich Barbarossa zog im Spätsommer 1181 in Lübeck ein und wurde, wie die Chronisten vermelden, „mit Hymnen und Lobgesängen, mit Jubelgesang von Klerus und Volk“ begrüßt.

Die spannende Frage für den Rat war, ob der Kaiser die Privilegien des Herzogs bestätigen würde. Barbarossa tat nicht nur das. Er erweiterte die Freiheiten und Rechte sogar. Lübeck bekam weitere Landgebiete zugesprochen, Eigentums- und Fischereirechte an Flüssen und Gewässern, zum Beispiel im Dassower See an der Grenze zu Mecklenburg. Schriftlich fixiert wurden die Privilegien einige Jahre später im sogenannten Barbarossa-Privileg von 1188, das die Grundlage des Reichsfreiheitsbriefes bildet. Das Barbarossa-Privileg bestätigt den Lübeckern, dass sie unabhängig, frei von Gewalt der holsteinischen Grafen bleiben. Der Kaiser wird durch einen Vogt repräsentiert. Die Stadtverwaltung ruht in den Händen des Rates, dessen Mitglieder zum Teil von den stimmberechtigten Bürgern gewählt, zum anderen Teil vom Rat durch Selbstergänzung bestimmt werden. Verstöße gegen Erlasse des Rates darf dieser selbst ahnden. Dem Rat wird ferner das Patronat über die Marienkirche zugestanden. Er wählt die Pfarrherren und legt sie dem Bischof zur Bestätigung vor. Dass es im Laufe der Geschichte deswegen zu Spannungen kam, lässt sich denken.

Im Rat saßen ausschließlich Kaufleute, keine Handwerker, geschweige denn „geringere Bürger". Jährlich am 22. Februar gab es die Ratssetzung. Da ein Drittel der Mitglieder jährlich ausschied, waren Nachwahlen erforderlich. Anschließend wurden die Aufgaben neu verteilt.

Heinrich der Löwe musste, obwohl er sich gedemütigt hatte, ins Exil. Er ging an den Königshof nach England, 1195 starb er in Braunschweig.

Auseinandersetzungen mit Dänemark

Lübeck wird dänisch

Thronstreitigkeiten nach dem Tod Kaiser Heinrichs VI. – er starb 1197 in Messina – nutzte der dänische König Knut IV., um seinen Einfluss an der Ostsee auszubauen. Treibende Kraft hinter den Feldzügen war sein Bruder Waldemar, seinerzeit Herzog des dänischen Schleswig. Livland und Estland nahm Knut mit Truppen. Im Sommer 1201 überschritten seine Soldaten die Grenze nach Holstein. Die Dänen eroberten die Festungen Itzehoe und Plön. Bei Stellau, östlich von Itzehoe, besiegten sie Graf Adolf III. von Schauenburg und Holstein (1164–1225). Am zweiten Weihnachtstag nahm das dänische Heer Hamburg ein. Hierbei geriet Graf Adolf in Gefangenschaft. Lübeck bot in dieser Situation die Unterwerfung an, stellte allerdings die Bedingung, dass die Stadt sich weiterhin selbst regieren dürfe. Ebenso erbaten die Kaufleute gesicherte Handelswege in der Ostsee. Ein Druckmittel von König Knut waren Lübecker Kaufleute, die er in Schonen festsetzte. Die Dänen bezogen die Lübecker Burg. Knut übertrug die Kontrolle der Stadt seinem Vogt. Im Sommer 1202 besuchte der König die Stadt, hielt prächtig Hof und nahm die Huldigungen seiner neuen Untertanen entgegen. Im November 1202 starb er.

Auch sein Nachfolger Waldemar II. war offenbar gern in Lübeck. Bezeugt sind Besuche in den Sommern 1203 und 1204. Von Lübeck aus bezwang er die Festung Lauenburg an der Elbe, deren Besatzung treu zu Graf Adolf gehalten hatte. Die Verteidiger ergaben sich, als Waldemar versprach, den Grafen freizulassen. Waldemar tat dies, allerdings unter der Bedingung, dass der Graf seine Rechte auf Holstein aufgab. Adolf III. ist als letzter gräflicher Stadtherr Lübecks 1225 in seinem Stammschloss an der Weser gestorben.

Der Handel Lübecks litt nicht unter der Dänenherrschaft.

Da Waldemar an den Einnahmen beteiligt war, hinderte er die Schiffer und Kaufleute nicht. In einer Urkunde vom 7. Dezember 1204 bestätigte er die von Heinrich dem Löwen und Kaiser Friedrich Barbarossa gewährten Vorrechte. Allerdings empfand die Bevölkerung die Dänen als Fremdherrscher. Die Städter litten weniger unter dem neuen Regiment als die benachbarten Mecklenburger, die Privilegien wie die in Lübeck nicht kannten. Von Mecklenburg aus nahm die dänische Herrschaft auch ihr Ende. Graf Heinrich von Schwerin befürchtete, dass der Machthunger Waldemars vor seinem Gebiet nicht Halt machen würde. Da er keine Garantien erhielt, dass sein Schicksal nicht dem des Holsteiner Grafen gleichen würde, nutzte er ein Treffen mit dem König bei einer Jagd auf der kleinen Ostseeinsel Lyöe, um ihn Anfang Mai 1223 in seinem Zelt zu überfallen, zu binden und auf ein bereitliegendes Schiff zu bringen. Zusammen mit seinem 14 Jahre alten Sohn, dem Thronfolger, setzte der Schweriner Graf König Waldemar im Schloss Dannenberg an der Elbe fest. Die Verblüffung über diesen Handstreich war groß. Der dänische Reichsrat verhandelte, schaltete sogar den Papst ein. Ein Vertragsentwurf vom Juli 1224 wurde vom Reichsrat abgelehnt. Stattdessen schickte man einen Vetter des Königs, Albert von Orlamünde, Statthalter in Dänemark, mit Truppen. Dem Schweriner Grafen kamen deutsche Fürsten zu Hilfe. Die Dänen wurden im Januar 1225 bei Mölln geschlagen, Orlamünde geriet ebenfalls in Gefangenschaft. Waldemar verzichtete schließlich auf die Herrschaft über deutsche Gebiete südlich der Eider und kam Ende 1225 frei. Aus der Lübecker Burg zog die dänische Besatzung ab.

Entscheidung bei Bornhöved

Das dänische Kapitel in Lübeck ist damit nicht abgeschlossen. Waldemar II. mochte sich mit der ihm angetanen Schmach nicht abfinden. 1227 fiel er erneut mit Truppen in Holstein ein. Bei Bornhöved, einem kleinen Ort an der Landstraße zwischen Kiel und Segeberg, kam es am 22. Juli 1227 zur Schlacht, die Waldemar verlor.

Maria Magdalena half
Angeblich half die Schutzpatronin jenes Tages, die heilige Maria Magdalena, den Lübeckern und ihren Verbündeten. Lange Zeit nämlich hatten die Deutschen gegen den Nachteil zu kämpfen, dass ihnen eine strahlende Sonne blendend in die Augen schien. Dann bedeckte plötzlich eine Wolke die Sonnenscheibe. Der Legende nach hatte die Wolke die Gestalt der Heiligen. Maria Magdalena stieg zur Schutzpatronin Lübecks auf. An der Stelle der Burg wurde ein Kloster errichtet und mit Dominikanern besetzt. Teile des Burgklosters sind bis heute erhalten und dienen als Kulturzentrum. Die Burgkirche wurde 1818 abgerissen, nachdem eine Säule gebrochen und ein Gewölbe eingestürzt war.

Gleich nach Abzug der Dänen hatten sich im Frühsommer 1226 Gesandte der Stadt auf den Weg zu Kaiser Friedrich II. gemacht, der in Italien residierte. Sie wollten verhindern, wieder unter gräfliche Oberhoheit zu kommen und kaiserliche Stadt bleiben, was sie seit dem Barbarossa-Privileg praktisch waren. Friedrich II., Sohn von Konstanze und Heinrich VI., war ein Kind, als seine Eltern in Sizilien kurz nacheinander starben. Er wuchs unter der Vormundschaft des Papstes auf. Als junger Mann hatte der Staufer zu kämpfen, um sein Erbe anzutreten. Um überhaupt zur Herrschaft zu gelangen, soll er bereit gewesen sein, auf Gebiete im Norden zu verzichten. Der Süden des Reiches lag ihm mehr. Umso erfreuter war der Kaiser angeblich, als Boten einer bedeutenden Stadt aus jenem Herrschaftsbereich kamen, um sich ihm zu unterstellen. Friedrich bestätigte jedenfalls das ihm vorgelegte Barbarossa-Privileg, von dem gesagt wird, die Lübecker hätten einige Rechte mehr aufgeführt als ursprünglich darin standen.

Friedrich II. unterzeichnete im Juni 1226 in Borgo bei Parma den Freiheitsbrief, in dem er Lübeck den Status einer reichsfreien Stadt verlieh. Die Urkunde enthält zudem Bestimmungen über den Handel, die Sicherheit der Wege zu Lande und zu Wasser, das Verbot, an der Trave feindliche Befestigungen zu errichten und anderes. Im Archiv der Hansestadt liegen zwei Ausfertigungen dieses wichtigen Dokumentes.

Neues Recht, neue Katastrophen

Lübisches Recht

Lübeck war zur Zeit seiner Gründung die einzige deutsche Stadt an der Ostsee. An Stellen wendischer Handelsplätze oder in neuen Gebieten erfolgten mit dem Anwachsen deutscher Siedler im 13. Jahrhundert weitere Stadtgründungen. Lübeck wurde zur Eingangspforte in die neue Welt des Ostens. Angehörige alt eingesessener Familien zogen mit den Siedlern. So blieb das Band, auch das wirtschaftliche, fest geknüpft, und die Bedeutung der Stadt wurde untermauert. Rostock wurde 1218 gegründet, Wismar 1229, Stralsund 1230, Elbing 1232, Stettin 1243, Königsberg 1246. Ferne Siedler, zum Beispiel in Livland, wurden von bewaffneten Pilgern begleitet, den sogenannten Schwertbrüdern. Von den Schweden wurden die Deutschen geradezu zur Gründung von Städten eingeladen. So entstanden Kalmar, Söderköping, Stockholm. Dabei wurde nicht nur wirtschaftliches Wissen exportiert, sondern auch das Lübische, das Lübecker Recht.

Im zersplitterten deutschen Reich gab es kein einheitliches Recht. Karl der Große hatte sich als Gesetzgeber betätigt. Seine Nachfolger setzten dies nicht fort. Sachsen hatte vom 13. Jahrhundert an ein Rechtsbuch, den sogenannten Sachsenspiegel, entstanden zwischen 1220 und 1235. In anderen Gegenden galten Stadtrechte, auch in der Umgebung: das Kölner Recht am Rhein, das von Soest in Westfalen. Im nordöstlichen Deutschland, wo Städte erst im 13. Jahrhundert entstanden, erlangten die Stadtrechte von Magdeburg und Lübeck große Bedeutung.

Kaiser Friedrich I. hatte im Barbarossa-Privileg dem Lübecker Rat die Befugnis verliehen, eigenes Recht zu setzen. Hieraus entwickelte sich das Lübische Recht, das weite Anerkennung fand. Graf Albert von Orlamünde verlieh zum Beispiel der Stadt Hamburg Soester und Lübecker Recht. Später hat sich ein eigenes Hamburger Recht herausgebildet, doch die Anfänge führen nach Lübeck. Auch in Rostock, Wismar, Schwerin, Stralsund, Elbing, Kiel, Tondern, Reval, Greifswald, Memel, Kolberg, Köslin, Stargard, Stolp und Rügenwalde wurde Lübisches Recht angewendet. Es blieb nicht auf Städte am Meer beschränkt. Orte im Land orientierten sich ebenfalls nach diesen Bestimmungen: Plön, Oldesloe, Segeberg, Rendsburg, Mölln, Eutin, Güstrow und andere. Der dadurch geförderte innere Zusammenhalt hat viel dazu beigetragen, dass Lübeck die Führungsrolle im mächtigen Hansebund zufiel.

Der Kaak, der alte Pranger, erinnert daran, dass Lübeck eine Stadt des Rechts war. Er wurde nach dem Krieg aus Spenden wieder aufgebaut.

Die älteste vorhandene Handschrift des Lübecker Rechts von 1227 enthält 50 lateinische Artikel, die noch nicht durch Überschriften getrennt sind. Von 1260 an gibt es niederdeutsche Ausgaben, da das Niederdeutsche überall im Nordosten verstanden wurde. Besonders wichtig waren Bestimmungen über das Grundeigentum und seine Veräußerung, Erb- und Eherechte. Es folgten solche über die Pflichten der Bürger. So mussten Lübecker beispielsweise nicht ins Feld ziehen. Sie sollten im Verteidigungsfall auf den Befestigungen der eigenen Stadt stehen. Auch Ahndungen von Streit, Diebstahl, Verleumdung, falschen Maßen und Gewichten sind aufgelistet. Ein Versprechen galt als rechtskräftig, wenn es vor Ratsherren oder den Vorstehern der Kirchspiele abgegeben wurde.

Im Laufe der Zeit wurde die Zahl der Artikel immer größer, so dass das Rechtsbuch im Jahre 1350 bereits auf 257 Artikel angewachsen war. Das Stadtrecht von 1586, neu gefasst auf Drängen auswärtiger Städte, bestand aus 418 Artikeln. Jeweils aktuelle Anordnungen wurden den Lübecker Bürgern in der sogenannten Bursprake mitgeteilt. Was dauernd gelten sollte, kam in die Rechtssammlung. Das Lübecker Recht ist eines der bedeutendsten Partikularrechte im Mittelalter und der frühen Neuzeit. Es besaß in mehr als 100 Städten Gültigkeit. Gerichte im heutigen Sinne mit studierten Juristen gab es nicht. Da die Tochterstädte annahmen, der Lübecker Rat habe große Erfahrungen in Rechtssachen, wurden schwierige Fälle nach Lübeck überwiesen.

Interregnum

Politisch ruhig war die Lage der Stadt im 13. Jahrhundert keinesfalls. Ihr größter Schutz war die Unterstellung unter die Reichsgewalt. Aber der Kaiser war weit, die Landesfürsten saßen vor den Toren. Das dänische Herrscherhaus war durch Verwandtschaft mit den Herzögen in Schleswig und Holstein verbunden. Es bedurfte großen diplomatischen Geschicks, um sicher durch die Zeiten zu kommen. Die Achillesferse war dabei die Mündung der Trave. Nur über diesen Fluss war

Lübeck eine Hafenstadt, und Travemünde lag auf holsteinischem Territorium, oft also unter dänischem Einfluss. Mehrfach haben feindliche Herrscher die Travemündung blockiert.

Die Stadt wandte sich 1234 an Herzog Albert von Sachsen und ließ sich von ihm als Vertreter der Reichsgewalt die Freiheit auf dem Wasserweg bestätigen. Auch der Papst wurde bemüht. Gregor IX. stellte Schutzbriefe für den Lübecker Hafen aus, damit die nach Livland reisenden Pilger und Missionare die Fahrt ungehindert antreten konnten. Waldemar II. blockierte die Mündung des Flusses trotzdem, in dem er mehrere Schiffe versenkte. Zum Glück für Lübeck suchte sich der Fluss daneben ein neues Bett. Der Papst drohte Waldemar mit Interdikt und Bann. Bei einer ähnlichen Gelegenheit sprengten die Lübecker mit einem besonders starken Schiff die Kette, die die Dänen über die Trave gezogen hatten. Gegenüber dem Ort, der bis heute Dänischburg heißt, wurde eine neue Fahrrinne gegraben.

Friedrich II. erwies der Stadt mehrere Male seine Gunst. Er gestattete 1230 den Bau einer neuen Wassermühle an der Wakenitz. 1236 unterzeichnete er ein Privileg zur Abhaltung eines großen Marktes zwischen Pfingsten und dem Jakobitag (25. Juli). Die Stadt hielt ihrem Kaiser auch dann noch die Treue, als Papst Innozenz IV. 1245 dessen Absetzung auf dem Konzil zu Lyon verkündete. Noch vier Jahre später fordert der Papst die Stadt auf, endlich dem Grafen Wilhelm von Holland zu huldigen, der zum römischen Kaiser bestimmt, aber nicht allgemein anerkannt war. 1250 stirbt Friedrich in Sizilien. Lübeck begibt sich unter die Schutzherrschaft der holsteinischen Grafen, da Waldemars Nachfolger, König Erich IV. (1241–1250), mit Krieg drohte. Die Lübecker im Bunde mit dem holsteinischen Grafen und dem Schleswiger Herzog Abel, einem Bruder des Dänenkönigs, schickten ihre Flotte in die Ostsee. Die Schiffe beschossen und besiegten die Festung Kopenhagen. Daraufhin schlossen die Lübecker 1250 wieder einmal Frieden mit Dänemark.

Herzog Abel, der Verbündete, erlangte nach der Ermordung seines Bruders Erich die Königskrone. Er bestätigte der Stadt den freien Handel. Abel fiel 1252 im Kampf gegen die

Friesen. Seine Nachfolger Christoph I. und Erich V. setzten Lübeck gegenüber die freundliche Politik fort. Auch Innozenz IV. bestätigte 1254 die Privilegien. Dass die Päpste sich für Lübeck einsetzten, lag daran, dass die Stadt Ausgangs- und Nachschubhafen für die Mission im Baltikum und für den Deutschen Ritterorden war, der zu großer Machtfülle anwuchs.

Stadtfriede wird gebrochen

In der Zeit des Interregnums zwischen dem Tod Kaiser Konrads IV. (1254) und der Wahl Rudolf von Habsburgs (1273) hatte in Holstein und Mecklenburg, den unmittelbaren Nachbarn der Stadt, die Unsicherheit zugenommen. Raubritter und Seeräuber machten den Kaufleuten das Leben schwer. Über Land war die Straße nach Hamburg besonders wichtig. Hamburg war damals Lübecks westlicher Außenposten, der Zugang zur Nordsee. Bündnisse mit den Grafen waren geschlossen, mit Vertretern Hamburgs auch. Manchmal aber spielen persönliche Eitelkeiten der Politik Streiche. So geschehen, als sich 1261 Graf Johann von Holstein in Lübeck aufhielt. Der Graf wurde auf offener Straße von einem Ritter, Borchart Voet, verhöhnt. Johann entriss einem Begleiter das Schwert, vergaß seine Würde und jagte den Ritter durch die Straßen, bevor er ihn einholte und ihm „das Haupt entzwei schlug". Er hatte damit den Stadtfrieden gebrochen. Für einen solchen Fall bestimmte das Lübische Recht, dass der Frevler von jedermann zu verfolgen, festzunehmen und dem Stadtgericht zu übergeben sei. Der Graf flüchtete sich in den Dom, der von den Bürgern belagert wurde. Letztlich blieb ihm nichts anderes übrig, als sich in die Hände des Rates zu begeben. Seine Reiter umstellten das Rathaus. Graf Johann seilte sich durch ein Fenster ab, stürzte und wurde von seinen Leuten schwer verletzt aus der Stadt getragen. Das vorherige Einverständnis zwischen dem Grafen und der Stadt war gestört, die Straße nach Hamburg wurde wieder unsicher.

Die Brände von 1251 und 1276

Zwei verheerende Brände suchten die Stadt in der zweiten Hälfte des 13. Jahrhunderts heim. 1251 brannte mehr als die Hälfte Lübecks ab. Die romanische Marienkirche und das Rathaus waren schwer beschädigt. 1276 litt besonders der nördliche Teil der Stadt. Die Fachwerkstadt war zerstört. Als Folge der Brände ordnete der Rat 1276 an, dass nur noch in Stein gebaut werden durfte. Zwischen ihre Häuser mussten Nachbarn gemeinsam eine Brandmauer einziehen.

Für die Marienkirche wurde beschlossen, an Stelle der romanischen Basilika eine Kirche nach neuester Mode zu errichten, in einem Stil, der später Gotik heißen sollte. Erst 1350 war die Marienkirche vollendet. Ihre 125 Meter hohen Zwillingstürme bildeten bis zur Vollendung des Kölner Domes 1880 das höchste Kirchturmpaar in Deutschland.

Auch die älteste, vor 1227 gegründete bürgerliche Sozialeinrichtung Lübecks, das Heilig Geist Hospital, musste wieder aufgebaut werden. Um es aus dem Einflussbereich des Bischofs zu entfernen, errichtete man es am Koberg neu. Vorher hatte es in Sichtweite des Domes gestanden. Vollendet war die Anlage erst 1286.

Eine der ältesten Sozialeinrichtungen Deutschland ist das Heilig Geist Hospital. Es wurde nach Stadtbränden im Jahre 1286 vollendet.

In den Salzspeichern neben dem Holstentor wurde früher das Salz der Lüneburger Salinen gelagert, um nach Skandinavien verschifft zu werden.

Da es in der Region keinen Naturstein gibt, wurde für alle Neubauten Lübecks Backstein verwendet. Ziegelbrennereien lagen vor den Stadttoren. Ende des 13., Anfang des 14. Jahrhunderts glich Lübeck einer Großbaustelle. Die fünf Stadtkirchen, dazu die Gotteshäuser der Klöster St. Johannis, St. Katharinen und des Burgklosters sowie weitere Kapellen entstanden, zusammen mit neuen Stadttoren und -befestigungen, Wohn- und Geschäftsgebäuden. Lübeck wurde zur Stadt der Backsteingotik, die Nachahmung fand. Der Baustil war so prägend, dass noch in unserer Zeit ein Mitarbeiter des Europa-Kollegs in Brügge sagte, er habe sich durch die Anlage der Stadt und ihre Bauweise sofort „wie zuhause" gefühlt. Er stammte aus Riga.

Baumaterial Backstein

Norddeutsche Städte sind Backsteinstädte. Dabei wurde der Backstein nicht etwa in Deutschland erfunden. Den Ziegelbau kannten schon die Baumeister der Antike. Die Römer haben den kleinen Roten für ihre öffentlichen Bauten verwendet, für Anbauten im alten Olympia ebenso wie zur Errichtung großer Arenen und Theater. Der norddeutsche Backsteinbauboom ab 1200 griff auf jüngere Erfahrungen in der Lombardei zurück. Auch in der Poebene stand kein Naturstein aus Gebirgsbrüchen zur Verfügung. Der Backstein war relativ leicht herzustellen. Ton- und Lehmerde wurden in genormte Holzkisten von etwa 8 mal 14 mal 28 cm gefüllt. Die Masse wurde glatt gestrichen und in Feldöfen gebrannt. Als Normalformat galten die Abmessungen 6,5 mal 12 mal 25 cm. Etwas größer ist das sogenannte Klosterformat, nämlich 9 mal 15 mal 30 cm.

Je nach Beschaffenheit des Materials, den Ton- und Lehmanteilen, fielen die Steine mal heller, mal dunkler aus. Von Gelb bis Dunkelbraun reichte die Farbskala. Die Abendsonne lässt den Stein tiefrot bis violett aufscheinen. Wenn nach Gewittergüssen die Sonne durchbricht, entstehen auch graue oder grüne Farbtönungen. Naturbelassen würden die Ziegel die Farbe unserer Blumentöpfe haben. Bei den heute maschinell gefertigten Ziegeln lässt sich der Farbton natürlich regeln. Früher erhielt der Stein oder die ganze Fläche oft einen Anstrich mit Eisenoxydrot, wobei die Alten schworen, dass sich als Bindemittel am besten Heringslake eignete. Backsteine kann man nicht fugenlos aufeinander schichten. Die einzelnen Lagen werden mit Mörtel verbunden. Der meist verwendete Kalkmörtel ist ein Gemisch aus Sand und gelöschtem Kalk. Durch die Fugen entsteht ein lebendiges Bild. Auch Zierfriese können, hell ausgemalt, zur Auflockerung größerer Flächen beitragen.

Wirtschaftliche Weltmacht: Die Hanse

Ein neuer Städtebund

Gemeinsame Interessen, aber auch Gefahren, die sich in Gemeinschaft besser bestehen ließen, führten im 13. Jahrhundert zu Zusammenschlüssen, zu sogenannten Hansen. Das Wort bedeutet Schar, auch Kriegerschar. Aus einem Zusammenschluss von Kaufleuten wurde mit Ausweitung des See- und Fernhandels ein Städtebündnis, die Hanse. Der frühen Zeit, von der Mitte des 12. Jahrhunderts an, folgte die Blüte zwischen 1300 und 1500, in der die Hanse den Fernhandel in Europa beherrschte. Zu den Zielen gehörten „Erhaltung und Erweiterung städtischer Freiheiten, die Wahrung gesicherter Handelsfahrt zu Land und zur See, Schiedsgericht zu halten bei Streitigkeiten, Hilfestellung im Kriegsfall durch Mannschaften und Schiffe."

Im 15. Jahrhundert umfasste die Hanse etwa 70 aktiv am Handel teilnehmende Städte. Weitere 130 meist kleinere Orte ließen sich von den großen Städten vertreten. Die Mitglieder der Hanse waren von der Rheinmündung in den Niederlanden bis nach Estland zu finden, zwischen Stockholm und Visby auf Gotland, von der Zuidersee bis zu den Märkten in Nowgorod und Smolensk sowie auf der Linie Köln–Breslau–Krakau. Im Nordwesten gehörte London dazu.

Seit dem späten 14. Jahrhundert war der Handel bis zur französischen Westküste, nach Spanien, Portugal und Italien erweitert worden. Lübeck, Sprecher und Führer des Bündnisses, wurde zu einem Welthandelsplatz des Mittelalters. Mit 25 000 Einwohnern war es nach Köln die bevölkerungsreichste deutsche Stadt.

Die Hanse unterhielt große Niederlassungen, Kontore genannt, in Nowgorod, Bergen, Brügge und London. Kleinere Niederlassungen, Faktoreien, fanden sich von Litauen bis Portugal. Lübeck hatte sich zum Haupt der Hanse entwickelt, weil es der älteste deutsche Ostseehafen war. Dazu hatte es als eine der frühesten freien Reichsstädte Privilegien, die anderenorts unbekannt waren. Es lag etwa in der Mitte der Wege zwischen Flandern und Russland, war zudem Endpunkt der Landhandelswege, die von Venedig über die Alpen in den Norden führten.

Neue Formen der Wirtschaft

Im 13. Jahrhundert hatte sich die Form der Wirtschaft geändert. Der Kaufmann musste nicht mehr selbst mit den Schiffen reisen, um seine Waren zu verkaufen. Er hatte Vertreter in anderen Zentren des Handels. Neu in Mode kam das Kredit- und Wechselgeschäft, kamen schriftliche Vereinbarungen, die das persönliche Erscheinen des Kaufmanns überflüssig machten. Hatten die Fernhandelskaufleute früher ihr eigenes Schiff auf die Meere begleitet und bei einem Unglück auch wirtschaftlich Schiffbruch erlitten, wurde es nun üblich, Anteile an möglichst vielen Schiffen zu erwerben, um das Risiko zu mindern.

In Westeuropa bestand Nachfrage nach den Rohstoffen des Ostens und Nordens. Der Osten brauchte umgekehrt Tuche und handwerkliche Erzeugnisse des Westens und vor allem Salz. Auch Lübecker Bier entwickelte sich zum begehrten Ausfuhrartikel. Im Mittelalter arbeiteten 180 Brauereien in der Stadt, die meisten für den Export. Bier wurde nach Dänemark, Schweden, Norwegen, nach Holland, Flandern und England verkauft. Ende des 17. Jahrhunderts ging der Export zurück. 1865 löste der Rat die Brauerzunft auf.

Hansetage machen Politik

Die Hanse hatte keine Regierung. 1356 versammelten sich erstmals Vertreter der Hansestädte in Lübeck zum sogenannten Hansetag. Diese Institution beschloss unter dem Vorsitz des Lübecker Bürgermeisters Dinge von gemeinsamem Interesse.

Da sie niemanden als Schiedsrichter anrufen konnten, mussten die Städte sich einigen. 1418 übertrugen die wendischen Städte, fast alle Töchter Lübecks mit einheitlichem Recht, ihrer „Mutterstadt“ offiziell die Führung. Die übrigen Städte stimmten zu. Vor wichtigen Entscheidungen trafen sich Vertreter der Hanse in drei Regionen, um ihre Haltung abzustimmen. Da war zum einen das wendische, sächsische, pommersche und brandenburgische Drittel mit Lübeck als Hauptort. Die rheinischen, westfälischen und preußischen Städte scharten sich um Dortmund. Die gotländischen und livländischen Orte bildeten ein weiteres Drittel, das zunächst Visby auf Gotland, später Riga als Hauptort hatte. Visby verlor an Bedeutung, als im 14. Jahrhundert die Schiffe größer wurden. Kleinere Frachtschiffe, die zum Beispiel von Deutschland nach Stockholm unterwegs waren, mussten in Visby Zwischenstation machen, um sich mit Frischwasser und Lebensmitteln zu versorgen. Dies war bei neueren Formen der Kogge nicht mehr nötig.

Auf den Hansetagen wurde nicht nur über wirtschaftliche Fragen gesprochen, sondern von Zeit zu Zeit auch über Krieg und Frieden entschieden, denn die Hanse besaß inzwischen Kriegsschiffe. Sie kamen gegen den dänischen König Waldemar IV. (1340–1375) zum Einsatz, der von einem Großreich träumte und nur mit Gewalt gezwungen werden konnte, alte Handelsvorrechte der Kaufleute wieder anzuerkennen.

Das Lübecker Rathaus wurde erweitert, um einen würdigen Rahmen für die Hansetreffen zu bieten. Der Name Danzelhus (Tanzhaus) für einen neuen Flügel erinnert daran, dass die Treffen auch gesellschaftliche Ereignisse waren.

Das Rathaus

Das älteste Rathaus bestand aus drei parallelen zweigeschossigen Backsteinhäusern an der Nordost-Ecke des Marktes. 1298 wurde mit einem Erweiterungsbau begonnen. Für einen Festsaal ließ der Rat nach Süden einen Flügel anbringen. Da die Goldschmiede hier ihre Buden hatten, wurde das „Lange Haus“ auf Granitsäulen gesetzt. Um 1350 hatte das Rathaus die heutigen Abmessungen. Im Obergeschoss der ursprünglichen Gebäude entstand der Hansesaal. 1435 wurde die Fassade der

Markt-Nordseite verändert. Die Schauwand erhielt drei Türme, die sogenannten Riesen. Außerdem ließ Ratsbaumeister Nikolaus Peck die beiden Windlöcher zur Minderung des Drucks bei Stürmen hineinschneiden. Unter den Arkaden tagte das Niedergericht in öffentlicher Sitzung. Hier wurden in der Bursprake neue Gesetze verkündet. 1483 entstand nach Norden ein neuer Baukörper, das Kanzleigebäude, das mit einem Bogen an das alte Rathaus angehängt ist.
Erst in der zweiten Hälfte des 16. Jahrhunderts setzte erneut Bautätigkeit ein. Unter niederländischem Einfluss entstand zum Markt hin eine vornehme Sandsteinfassade im Renaissancestil. In der Breiten Straße, wohin der Eingang verlegt worden war, wurden der Renaissance-Erker und eine Prunktreppe angefügt. Der Eingangsbereich wurde im Inneren ab 1881 zu einer neugotischen Halle umgestaltet. Kurze Zeit danach entstand im Obergeschoss der Bürgerschaftssaal (1887–1891).
Lübecks „gute Stube“ ist der Audienzsaal im Erdgeschoss, wo früher das Obergericht tagte. Er wurde von Stadtbaumeister Johann Adam Soherr 1755 im Rokokostil erneuert. Der Dresdner Hofmaler Stefano Torelli bildete in zehn Gemälden die Tugenden eines guten Stadtregiments sowie in Allegorien Handel und die Künste ab. An die Sitzungen des Obergerichts erinnert die geschnitzte Tür. Die beiden Flügel sind unterschiedlich hoch. Ein Verurteilter verließ den Raum durch die niedrige Tür, der Freigesprochene ging aufrecht durch die hohe Pforte.

Im Jahrhundert nach der Entdeckung Amerikas verlagerten sich die Verkehrsströme auf den Atlantik. Die Ostsee wurde zu einem Randmeer. Die Länder erstarkten und nahmen den Handel in eigene Regie, so dass sich der Gedanke der Hanse schließlich überlebte. Da immer weniger Städte auf den Hansetagen erschienen, wurde das Bündnis 1669 aufgelöst. Auf dem letzten Hansetag waren außer Hamburg, Bremen und Lübeck nur noch Danzig, Rostock, Braunschweig, Hildesheim, Osnabrück und Köln vertreten. Nach 18 Sitzungen, in denen viel über eine neue Form der Zusammenarbeit geredet, aber nichts Konkretes beschlossen wurde, endete die Tagung am 11. Juni 1669. Das hanseatische Erbe wurde von Bremen, Hamburg und Lübeck verwaltet. Wirtschaftlich überholte das groß gewordene Hamburg die Schwesterstadt an der Ostsee.

Nord- und Ostseite des Marktes werden vom Rathaus begrenzt. Die Ergänzungen im Osten wurden in der ersten Hälfte des 14. Jahrhunderts angefügt.

Im 17. Jahrhundert liefen auch einige der Töchter, Stockholm, Danzig, Riga ebenso wie Kopenhagen, Lübeck den Rang ab. Im 19. Jahrhundert verzeichnete der preußische Hafen Stettin größere Umschlagszahlen als Lübeck.

Krieg gegen König Atterdag

Im Jahr 1361 überzog der dänische König Waldemar IV. „Atterdag“ Schweden mit Krieg. Er galt als rücksichtsloser Herrscher; trotz des gemütlich klingenden Namens. Atterdag bedeutet so viel wie „am anderen Tag“, das heißt: Man kann das auch morgen noch erledigen. Fast im Handstreich nahm Atterdag das einst dänische Schonen in Südschweden. Damit besaß er die wichtigsten Fanggründe für den europäischen Hering. Auch die Festung Helsingborg wurde genommen. Lübeck verhandelte für die Hanse um Bestätigung der alten Rechte an Fang und Handel mit Hering. Während man auf

Antwort wartete, überfiel Waldemar Gotland und damit einen wichtigen Posten des Bündnisses in der Ostsee. Vor den Mauern des Hansestützpunktes Visby wurden die Gotländer vernichtend geschlagen. Mehr als 1500 Gefallene wurden auf dem Kreuzfeld vor der Stadt begraben.

Die Hanse wertete den Überfall als Kriegserklärung. 77 Mitgliedsstädte schickten nach einer Versammlung den Fehdebrief. 27 größere Schiffe, umgerüstete Koggen, und 25 kleinere bildeten die Kriegsflotte der Hanse. Schwedens König Magnus sagte zu, Truppen auf dem Landweg nach Schonen zu schicken. Lübeck hatte sich verpflichtet, sechs Koggen und sechs weitere Schiffe zu stellen. Hamburg sandte zwei Koggen. Die Flotte belagerte 1362 im Sund die Festung Helsingborg. Auf die schwedische Unterstützung warteten die Hanseaten vergebens. Die Belagerung zog sich hin. Möglicherweise lag es an der Unerfahrenheit des Oberkommandierenden. Diese Ehre stand dem Lübecker Bürgermeister Johann Wittenborg zu. Waldemar nutzte einen günstigen Zeitpunkt, als große Teile der Mannschaften an Land waren, um die Flotte anzugreifen. Ein Dutzend Koggen mit wichtigem Kriegsgerät und Gefangenen führte Waldemar fort. Wittenborg blies zum Rückzug, sandte die verbliebenen Schiffe in ihre Heimathäfen. In seiner Vaterstadt wurde der Bürgermeister festgenommen und auf einem Städtetag im Januar 1363 in Stralsund verhört. Die Versammelten kamen zu dem Schluss, dass er an dem Desaster nicht schuldlos sei und verurteilten ihn zum Tode. Obwohl Freunde ihn retten wollten – er gehörte zu den reichsten Kaufleuten der Stadt – wurde Johann Wittenborg auf dem Markt zu Lübeck enthauptet.

Zwar wurde 1365 über einen Frieden mit Dänemark verhandelt. Da Waldemar den Hansestädten jedoch starke Beschränkungen ihrer Handelstätigkeit auferlegte, flammte der Krieg erneut auf, dieses Mal auch getragen von der Kölner Konföderation der westfälischen und rheinischen Städte. Einer kleineren Flotte, bestehend aus 17 Koggen und 20 anderen Schiffen, gelang es 1368, Kopenhagen einzunehmen und Schonen zurückzugewinnen. Die Besatzung der Feste Helsingborg ergab sich im Frühjahr 1369. Wieder führte der Lübecker

Bürgermeister das Kommando; Brun Warendorp starb während des Krieges 1369 in Schonen. Sein Leichnam wurde nach Lübeck überführt und in St. Marien beigesetzt.

Die Hanse schloss am 24. Mai 1370 in Stralsund Frieden mit Dänemark. Die Städte erhielten zum Wiederaufbau ihres Handels für 15 Jahre die Festungen am Sund, der Wasserstraße zwischen Nord- und Ostsee. Es waren die befestigten Städte Helsingborg, Skanör, Falsterbro und Malmö. Außerdem wurde festgelegt, dass die dänische Thronfolge der Bestätigung durch die Hanse bedurfte. Auf diese Weise sollten „verdächtige" Herrscher von vornherein vom Thron fern gehalten werden. 1375 starb Waldemar Atterdag.

Kaiserbesuch aus dem fernen Prag

Das Jahr 1375 bescherte Lübeck einen glanzvollen Höhepunkt. Kaiser Karl IV., der meist in Prag residierte, besuchte die Stadt. Sein Vater war Johann von Luxemburg, seine Mutter eine böhmische Prinzessin. Zwar lehnte Karl Städtebündnisse wie die Hanse als Staat im Staate ab. An einem freundschaftlichen Verhältnis zu Lübeck als wichtigster Wirtschaftsmacht an der Ostsee war ihm offenbar demnach gelegen. Außerdem stand die dänische Thronfolge an und die bedurfte der Zustimmung aus Lübeck. Karl war in vierter Ehe mit Elisabeth von Pommern verheiratet und setzte sich für die Wahl eines mecklenburgischen Prinzen ein, da Waldemar IV. keine Söhne hinterlassen hatte.

Den Besuch des Kaiserpaares hat Chronist Detmar beschrieben. Die hohen Gäste kamen aus Mecklenburg. An der Stadtgrenze wurden ihnen die Schlüssel der Stadt überreicht. Vor dem Burgtor stand damals die Gertrudenkapelle. Hier tauschten die Majestäten die Reisekleider gegen Prunkgewänder und zogen anschließend unter dem Geläut aller Glocken durch die Stadt zum Dom. Der Bischof zelebrierte die Messe, bevor das Kaiserpaar Wohnung in der Königstraße nahm, in zwei sich gegenüberliegenden Häusern, die mit einer Brücke im ersten Stock verbunden waren. Angeblich haben die Lübecker abends draußen gewartet, um zu erfahren, wer wen des Nachts besuchen würde. Die Legende berichtet, die Majestäten seien sich in der Mitte der Brücke begegnet, um einander gute Nacht zu wünschen.

Während einer Sitzung im Rathaus am 20. Oktober 1375 redete der Kaiser die Vertreter der Stadt mit „Ihr Herren“ an, was nur dem Adel zukam. Bürgermeister Jacob Pleskow wehrte bescheiden ab. Der Kaiser erwiderte, er habe die Anrede bewusst gebraucht, da Lübeck zu den fünf Herrenstädten seines Reiches zähle, wie Venedig, Rom, Florenz und Pisa. Er lud die Lübecker Herren ein, wann immer sie sich in seiner Residenz befänden, an den Sitzungen des kaiserlichen Rates teilzunehmen. An den Kaiserbesuch des Jahres 1375 erinnert ein seinerzeit gegossenes Bronzerelief an der Tür des Lübecker Rathauses. Es zeigt Karl IV., umgeben von den sieben Kurfürsten des Reiches.

Die dänische Thronfolge

Kaiser Karl IV. blieb zehn Tage in Lübeck. Trotz vieler Höflichkeiten hatte er mit seinem Vorschlag für die dänische Thronfolge kein Glück. Zwar glaubte Albrecht II. von Mecklenburg ein Recht für seinen Sohn auf den dänischen Thron zu haben. König Waldemar IV. hatte ihn zum Nachfolger bestimmt, das entsprechende Papier aber nur mit seinem Privatsiegel versehen, das den Reichsrat nicht band. Dieser plädierte für Olaf, den Sohn Margarethes, der jüngeren Tochter Waldemars. Margarethe war mit Haakon VI. von Norwegen und Schweden verheiratet. Olaf war auch der Wunschkandidat Lübecks, was nicht deutlich ausgesprochen werden konnte, da dies die mecklenburgischen Hansemitglieder in Schwierigkeiten gebracht hätte. Olaf schien der Hanse gelegen, weil er 1375 erst fünf Jahre alt war. Seine Mutter würde also noch lange die Regentschaft ausüben. Margarethe war ehrgeizig, aber sie war berechenbar. Zudem würde ein Votum für ihren Sohn sie verpflichten. Als der Reichsrat in Kopenhagen Olaf wählte, legte die Hanse keinen Einspruch ein.

Olav erhielt also 1375 den Königstitel von Dänemark und 1380, nach dem Tod seines Vaters Haakon VI., auch den norwegischen. Olaf starb mit 17 Jahren, er hat also nie regiert. Das tat Margarethe, der auch Schweden als Hinterlassenschaft ihres Gatten zufiel. Mit ihrer geschickten Politik schuf sie die

Mit Umzügen wurde im Sommer 1926 an die 700 Jahre zuvor verliehene Reichsfreiheit durch Kaiser Friedrich II. erinnert. Die Prozession in der Breiten Straße stellt den Einzug Kaiser Karls IV. im Jahre 1375 nach.

Voraussetzungen für die Kalmarer Union von 1397, die Vereinigung der drei skandinavischen Kronen unter Führung Dänemarks. Margarethe starb 1412 in Flensburg.

Handel und Kaufmannschaft

Von allen deutschen Städten hatte Lübeck im 14./15. Jahrhundert den größten Anteil an Kaufleuten. Handwerk und Gewerbe waren dem Kaufmannsstand wirtschaftlich und politisch nachgeordnet. Die Kaufleute mit größerem Vermögen machten mehr als ein Viertel der Bewohner mit Bürgerrecht aus, mehr als 15 Prozent der Gesamtbevölkerung. Die im Fernhandel Tätigen schlossen sich nach Zielgebieten zusammen. Um Erfolg zu haben, war es erforderlich, dass man in mehreren Gebieten vertreten war. Güter aus Nowgorod ließen sich gewinnbringender weiterverkaufen, wenn man selbst in England Handel trieb. Einige Geschäftsbücher sind erhalten geblieben, so dass sich Wirtschaftsgeschichte nachvollziehen lässt.

Kaufmannskarrieren begannen in der Regel damit, dass ein junger Mann bei einem Kaufmann in Dienst trat. Bei Reisen wurden gelegentlich auch Geschäfte auf eigene Rechnung gemacht; möglicherweise der Beginn des Aufstiegs. Neben Erfolgen verzeichnen die Familiengeschichten auch Zusammenbrüche. Manchmal genügte es, im Ausland die falschen oder durch eigene Geschäfte in Schwierigkeiten geratene Partner zu haben. Beispielsweise schickten mehrere Lübecker wertvolle Pelze aus Russland zu ihren Faktoreien in Venedig. Das Überangebot führte zu ruinösem Wettbewerb. Auch Krisen und Kriege waren nicht gut fürs Geschäft. Der 100-jährige Krieg zwischen England und Frankreich ließ die Geschäfte mit Flandern zurückgehen. Der Pest von 1350 fiel ein Viertel der Bevölkerung Lübecks zum Opfer. Das gesamte Grundstückswesen geriet durcheinander.

Die Großkaufleute waren in Fahrerkompanien zusammengeschlossen, die Händler in Gilden, den Ämtern. Als älteste Kompanie gilt die der Schonenfahrer. Von ihr lösten sich die Bergenfahrer. Bis Ende des 15. Jahrhunderts wurde

Am Rand der Altstadt, an der Obertrave, haben Oldtimer einen Liegeplatz gefunden. Die alten Segelschiffe werden liebevoll gepflegt.

der Kreis um Riga-, Nowgorod-, Aalborg-, Stockholm-, England- und Spanienfahrer erweitert. Diese Vereinigungen standen unter Leitung der Ältermänner. Die Kompanien vertraten nicht nur wirtschaftliche Interessen. Sie waren zugleich Kultgemeinschaften, hatten ihre Heiligen in den Kirchen, für die sie Altäre stifteten und Vikarien unterhielten, um für verstorbene Mitglieder Messen lesen zu lassen.

Ein besonderes Gewerbe war das der Schiffer. Ursprünglich waren Schiffseigentümer und Schiffsführer ein und dieselbe Person. Als die Geschäfte sich vergrößerten, stellten die Kaufleute, denen die Schiffe gehörten, Schiffsführer ein, die für die Ladung verantwortlich waren. Der Kaufmann gab die Anweisungen. Die Verantwortung lag in den Händen des Schiffers, des nautischen Fachmannes.

Fischindustrie im Mittelalter

Die Schonenfahrer waren die mitgliederstärkste Lübecker Vereinigung von Großkaufleuten. Sie waren deshalb auch zuständig für den Kaufmannsnachwuchs, hatten die Aufsicht über die Dienstjungen. Sie ordneten nicht nur den Herings- und Lachshandel, sondern auch den Handel mit Hopfen. Von Juli bis September war Heringssaison. Der von dänischen Fischern gefangene Hering wurde nach Falsterbro und Skanör gebracht. Hier wies der Vogt des Königs den Städten Plätze zu, genannt Vitten, auf denen der Fisch verarbeitet wurde. Die Lübecker Vitte war der größte Fischhandelsplatz mit eigener Kirche in der Nähe des dänischen Schlosses Falsterbrohus. Der Hering wurde ausgenommen, gesalzen und in Fässer verpackt, mit denen das Lüneburger Salz angekommen war. Die Abfälle mussten schnell beseitigt werden, um den Gestank zu verringern. Sie wurden zu Fischöl verarbeitet. Auf den Vitten arbeiteten auch Böttcher, die die Fässer ausbesserten und die gefüllten Holztonnen sachgerecht „zuschlugen“. Sie wurden dann mit einem „Budenzeichen“ versehen, das den Eigentümer auswies. Etwa 50 solcher Budenzeichen sind bekannt. Von Lübeck aus ging der Fisch in alle Welt. In sogenannten Heringshäusern wurde er für die Fastenzeit gelagert. Schonen war kein reiner Heringsmarkt. Da sich Kaufleute mehrerer Länder trafen, wurden auch andere Waren umgeschlagen.

Mit Fisch handelten auch die Bergenfahrer, die 1380 erstmals erwähnt werden. Sie brachten aus Deutschland Getreide, Malz, Mehl und Bier und handelten Stock- und Klippfisch ein. Das war an der Luft getrockneter Dorsch oder Kabeljau aus Norwegens Fjorden. In Bergen kann man bis heute das Hanseviertel am inneren Hafen besuchen, die „Tyske Bryggen“, die Deutsche Brücke.

Eine wichtige Gruppe waren die Stockholmfahrer. Deutsche Kaufleute machten in Stockholm einen Großteil der Bevölkerung aus. Etwa die Hälfte der Ratsherren war im ausgehenden Mittelalter deutscher Abstammung. Eine der größten Kirchen, St. Gertrud (Tyska Kyrka) zeugt mit deutschen Inschriften davon. Eisenerz, Pelze, Kupfer und Butter wurden

Im Fischerort Gothmund stehen noch reetgedeckte Häuser. Ein Spazierweg führt zwischen ihnen direkt am Ufer der Trave entlang.

aus Schweden ausgeführt, wiederum getauscht gegen Salz und Bier. Auch mit Lödöse, heute Göteborg, wurde Handel getrieben.

Die bedeutendsten Kaufleute, die die meisten Mitglieder des Rates stellten, waren in der Zirkelgesellschaft zusammengeschlossen, branchenübergreifend. Die Gesellschaft wurde 1379 als religiöse Bruderschaft mit Kapelle und Altar in St. Katharinen gegründet. Sie nannte sich später auch Junkerkompanie. Ihr Zeichen war ein offener Zirkel im Kreis. Sie besorgten nicht nur Geschäfte, sondern veranstalteten die beliebten Fastnachtsspiele, bei denen die Junggesellen sich auf einem rollenden Theaterkarren als Künstler versuchten. Da nur die vornehmsten Familien aufgenommen wurden, bildete sich später die weniger elitäre Kaufleutekompanie. Sie alle, insgesamt ein Dutzend bürgerlicher Zusammenschlüsse, gingen 1853 in der Handelskammer und der Kaufmannschaft auf.

Die Kontore

In der Deutschen Brücke von Bergen lebten die Kaufleute auf engem Raum nach strengen Gesetzen. Heirat mit Norwegern war verboten. Um Konkurrenz aus den Niederlanden und England klein zu halten, benutzten die Deutschen gegenüber der Krone ein Druckmittel. Sie sperrten den Getreidehandel. Da Norwegen auf die Einfuhr von Brotgetreide angewiesen war, half das mehrere Male.

Das zweite wichtige Kontor im Osten war Nowgorod, wo der Hanse mit dem Peterhof ein ganzes Stadtquartier am Ufer des Volkhov-Flusses gehörte. Es war durch Palisadenzäune geschützt, wurde streng bewacht. Eine Fahrt nach Nowgorod war immer ein Abenteuer. Die Schiffe liefen, aus Deutschland kommend, zunächst Visby auf Gotland an. Dann ging es im Konvoi zur Mündung der Newa, wo man sich auf der Insel Kotlin sammelte, dem heutigen Kronstadt vor St. Petersburg. Hier wurden die Waren auf kleinere Schiffe für die Strecke auf den Flüssen umgeladen. Mit Hilfe russischer Lotsen wurden 70 km auf der Newa bewältigt, wo nicht selten schwedische oder karelische Räuber lauerten. Die Schiffe liefen dann in den Ladoga-See ein. In Ladoga wurden die Waren wieder umgeladen. Die Volkhov mit ihren Stromschnellen erforderte einen anderen Schiffstyp. Bis Nowgorod waren es noch einmal 200 km, die größtenteils getreidelt werden mussten. Nicht weniger mühsam war ein zweiter Weg. Er führte von Reval oder Riga über Pleskau auf dem Landweg durch die russische Weite. Auch hier konnten Räuber warten. Schon damals wurden Dreiecksgeschäfte betrieben. Schiffe aus Nowgorod oder Bergen liefen England an, tauschten dort Waren und segelten über Flandern zurück an die Trave.

Zu den Kontoren zählten ferner Brügge als Zentrum des flandrischen Tuchhandels und der Stalhof in London. Der Stalhof geht zurück auf das Jahr 1257, in dem König Heinrich III. den Hanseaten Rechte verlieh. Warenlager und Wohnhäuser an der Themse wuchsen zum Kontor. Wichtigstes Kontor im Westen aber war Brügge. Die Textilproduktion der umliegenden Gebiete war ein Zentrum für Europa. Holzprodukte, Asche, Teer, Bier wurden gegen Tuche getauscht, dazu Stockfisch, Butter, Hering aus Norwegen, Wolle aus England, Kupfer und Erz aus Schweden. Von Brügge brachte man das Baiensalz mit, eine billigere Konkurrenz zu den Salinen in Lüneburg. Baiensalz ist Meeressalz, das in Nordfrankreich gewonnen wurde. Über Brügge wurde französischer Wein ausgeführt, als „Lübecker Rotspon" ein Verkaufsschlager im Norden. Aus Italien kamen Trockenfrüchte wie Rosinen, Feigen, Datteln, Mandeln über Brügge, ferner Gewürze, Reis und Baumwolle aus dem Orient. Die Stadt war ein blühender Handelsplatz bis zum Ende des 15. Jahrhunderts. Dann versandete der Hafen und das näher am Meer gelegene Antwerpen lief Brügge den Rang ab. Das Kontor der Hanse, das Osterlingehus in Antwerpen, ist erhalten.

Unruhige Zeiten, neue Gedanken

Aufstände

Nach außen schien der Lübecker Staat in der zweiten Hälfte des 14. Jahrhunderts wohlgeordnet. Die Wunden, die die Pest 1350 geschlagen hatte, verheilten. Im innerstädtischen Leben hatte die Pest, so makaber das klingt, auch positive Folgen. Um ihr Seelenheil besorgte Bürger spendeten in nie gekanntem Maße. Zum Beispiel für die im Volk beliebten Franziskaner, die ihr Kloster und ihre Kirche vergrößern konnten.

Im Inneren des Staatsgefüges aber gab es Unzufriedenheit. Die Kriege gegen Dänemark hatten Geld gekostet. Die Einnahmen stagnierten da die Grundstücksabgaben nicht gestiegen waren. Neue Steuern, etwa eine Abgabe auf jedes Fass Bier oder andere Lebensmittel, riefen Unmut hervor. Zahlen mussten insbesondere Handwerker und Gewerbetreibende, die andererseits nicht am Stadtregiment beteiligt waren. Solcher Unmut war nicht nur in Lübeck zu spüren. In Bremen kam es 1365 zu Unruhen, in Köln 1370. In Braunschweig wurden sogar Ratsmitglieder erschlagen. Der Hansetag vom Juni 1375 in Lübeck schloss Braunschweig für einige Zeit aus der Hanse aus. In Lübeck hatte der Rat die 1374 angekündigten Steuererhöhungen ausgesetzt und führte mit den protestierenden Ständen Gespräche. Zwei Jahre später aber wurden die jährlich neu festzusetzenden Abgaben drastisch erhöht. So kam es 1380 zu einem ersten Aufstand der Knochenhauer, der Schlachter.

Der Knochenhaueraufstand

Die Knochenhauer waren ein großes Amt mit etwa 100 Meistern. Sie waren zugleich Viehhändler, kamen in der Welt herum, zum Beispiel beim Kauf von Mastochsen aus Dänemark. 1380 verlangten sie eine Aufwertung ihrer gewerblichen Stellung. Bislang waren ihre Verkaufsstände vom Rat nach dessen Gutdünken vergeben worden. Starb ein Meister, hatte das Amt kein Mitspracherecht, wer nachrücken durfte. Außerdem verwehrte der Rat den Kauf der Buden und Stände. Diese mussten gegen Pacht jährlich gemietet werden. Zusammen mit den Bäckern traten die Knochenhauer am 12./13. Dezember 1380 dem Rat gegenüber. Der lenkte ein, war aber nicht bereit, größere Rechte urkundlich zu bestätigen. Das hätte aus den Ämtern Partner gemacht. Zugestanden wurde den Knochenhauern ein Präsentationsrecht für neue Meister, die der Rat zu bestätigen versprach.

Einen „Staatsstreich“ versuchte vier Jahre später ein Kaufmann, Hinrich Paternostermaker. Der Name deutet an, dass die Familie auf einen Bernsteinschneider zurückgeht, der aus diesem Material Kugeln für Rosenkränze schnitt. Von seinem Vater hatte er ein gut gehendes Geschäft übernommen, selber jedoch keinen Erfolg. Hinrich sammelte 60 Unzufriedene um sich, die Hälfte aus dem Stand der Knochenhauer, um den Rat zu stürzen. Auch einige holsteinische Adlige, die man eher als Raubritter bezeichnen könnte, waren bereit, gemeinsame Sache zu machen. Am Tag des heiligen Lambert, am 17. September 1384 wollte man losschlagen. Der Rat pflegte sich an diesem Tag um 9 Uhr zu versammeln. Die Verschwörer wollten bewaffnet das Rathaus stürmen und den Rat gefangen nehmen. Dann wollte man ein Haus in Brand stecken, damit die Bevölkerung zusammenlief. Der beste Redner sollte die Einwohner auffordern, sich der Sache anzuschließen und für eine neue Zeit zu kämpfen. Obwohl die Verschwörer einander gelobt hatten, keiner Menschenseele etwas zu sagen, wurde der Plan bekannt.

Die Legende hat sich der Sache angenommen. Danach packten einen Junker Gewissensbisse. Er ritt in die Stadt, klopfte bei einem der Bürgermeister an und bat um ein Glas Wasser. Diesem Glas, keiner Menschenseele, erzählte er, dass am nächsten Tag Blutvergießen zu befürchten sei. Der Sohn, der das Wasser gereicht hatte, berichtete dem Vater. Der handelte schnell. Als am folgenden Morgen die Stadttore geöffnet wurden, nahm man die Verschwörer vor den Toren fest. Hinrich Paternostermaker beging im Gefängnis Selbstmord. Andere gestanden unter Androhung der Folter. 18 Verschwörer wurden hingerichtet, ihr Besitz eingezogen, die Familien der Stadt verwiesen. Das Amt der Knochenhauer wurde bestraft. Die Zahl der Meister wurde auf 50 halbiert. Ihren Ältermann, den Sprecher, durften sie nicht mehr selbst wählen. Er wurde vom Rat bestimmt. Die Abgaben für die Stände wurden auf einen Schlag um das Dreifache erhöht. Angehörige der übrigen Ämter mussten am 21. Februar 1385, nach dem Ende der Gerichtsverhandlungen, einen neuen Treueid schwören.

Alter und neuer Rat

Die Finanzlage Lübecks war häufig angespannt. Dies lag nicht nur an den Kriegen und Kosten der Hanse, sondern auch daran, dass die Stadt Dörfer gekauft und Fürsten Geld geliehen hatte, um den Landweg nach Hamburg sicherer zu machen. Dörfer, die außerhalb erworben wurden, waren Moisling, Niendorf, Kronsforde, Niemark, Krummesse, Steinrade, Eckhorst, Stockelsdorf, Nusse, Bergedorf. In der Stadt wusste niemand, wie hoch die Schulden waren. Zu Beginn des 15. Jahrhunderts aber musste der Rat Farbe bekennen, weil er nur so auf das Verständnis der Ämter für Steuererhöhungen hoffen konnte. Der Rat verband die Ankündigung höherer Abgaben mit dem Hinweis, wer bessere Vorschläge habe, solle diese nennen. Für die Benennung solcher Vorschläge regte der Rat die Bildung eines Bürgerausschusses an. Viele Bürger sahen das als Möglichkeit, Anteil am Stadtregiment zu erlangen. Ein Ausschuss von 60 Mitgliedern wurde gewählt.

In einer 100 Artikel umfassenden Beschwerdeschrift tat der Ausschuss zunächst seine Meinung über schlechtes Management kund. Er beklagte Bevormundungen, die Handel und Handwerk hemmten, und die allzu kostspielige Diplomatie. Kritisiert wurde, dass die vier Bürgermeister, die sich seit 1301 die Aufgaben teilten, mit zwei oder drei befreundeten Familien die Stadt praktisch allein regierten. Der Ausschuss verlangte die Beteiligung seiner Mitglieder. Der Rat lehnte ab, berief sich auf kaiserliche Dekrete, die ihm das Regiment übertragen hätten. Der Ausschuss schlug nun vor, die Zusammensetzung des Rates zu ändern. Zwölf der 24 Mitglieder sollten von den Bürgern gestellt werden. Als hierüber im Rathaus diskutiert wurde, johlte draußen die Menge. Unter dem Druck der Straße versprach der Rat schließlich Wahlen. Nach der Sitzung verließen 15 der 24 Ratsherren heimlich die Stadt. Der Rat war damit nicht mehr beschlussfähig. Ein neuer Rat sollte gewählt werden. Am 5. Mai 1408 wurden tatsächlich zwölf neue Ratsherren bestimmt, die zwölf weitere wählten. Die Mitglieder des alten Rates waren jedoch nicht zurückgetreten. Beide Gremien bemühten sich bei den Hansestädten um Anerkennung.

Revolutionäre Gedanken

Die revolutionären Gedanken griffen von Lübeck auf Wismar und Rostock über. Auch hier wurden Bürgerausschüsse und schließlich neue Räte gewählt. Hamburg wählte zwar einen Ausschuss, aber keinen neuen Rat. Lübeck, Hamburg, Wismar und Rostock standen plötzlich gegen den Rest der Hanse. König Ruprecht (1400–1410) belegte auf Betreiben der Geflohenen, die sich in Lüneburg aufhielten, Lübeck mit der Reichsacht. Der neue Rat zog daraufhin alle Güter ein, die den geflohenen Ratsherren gehörten. Diese wandten sich an das Kontor in Brügge und verlangten Beschlagnahme der Schiffe und Waren Lübecks als Entschädigung. Die Sache wurde vor dem Reichskammergericht verhandelt, das am 28. Juni 1409 den alten Rat als rechtsmäßige Regierung bestätigte.

Nach dem Tod Ruprechts befasste sich 1411 sein Nachfolger Sigismund mit der Angelegenheit. Er bestätigte die Reichsacht. 1414 begann in Konstanz das vom König initiierte Konzil, das zugleich Reichstag war. Sigismund, den beide Gremien auf ihre Seite zu ziehen versuchten, forderte die Räte auf, sich zu einigen. Das geschah denn auch. Von den einstmals geflohenen Ratsherren lebten noch zehn. Unter Leitung von

Jordan Pleskow bildeten sie mit den in der Stadt verbliebenen fünf Räten ein Gremium, das sich durch die Berufung von Kaufleuten und Mitgliedern des neuen Rates auf 24 ergänzte. Die Ämter der Handwerker mussten ihre Ergebenheit unter diesen neuen Rat durch Eid bekunden. Lübeck wurde wieder anerkanntes Haupt der Hanse.

1416 war die Ratsherrschaft wieder hergestellt. Lübeck erfreute sich innerer Eintracht und Ruhe. Die Außenpolitik entwickelte sich jedoch ausgesprochen stürmisch. Trotzdem sollen positive Stimmen nicht unterschlagen werden. So schrieb der italienische Humanist Aeneas Silvius Piccolomini, der spätere Papst Pius II. (1458–1462), nach Reisen im Norden Europas, Lübeck sei eine Stadt „mit höchsten Gebäuden und schmuckreichen Kirchen“, so mächtig, „dass auf seinen Wink hin die Reiche des Nordens Könige ein- und absetzen“. Das mag übertrieben sein. Aber durch Bruderschaften, zu denen sich ganze Berufsstände zusammenschlossen, durch die hohe Kunst von Goldschmieden, Holzschnitzern, Malern und Kupfergießern waren die Kirchen, Klöster und das Heilig Geist Hospital mit prächtigen Altären, Figuren und Orgeln ausgestattet.

Kampf gegen Erich Pommer

Dänemarks neuer König Erich VII. Pommer (1396–1439), der sich in Kalmar als Unionskönig der drei nordischen Reiche krönen ließ, strebte ein „baltisches Imperium“ an. Dazu zählten natürlich die Herzogtümer Schleswig und Holstein. Letzteres beanspruchten auch die Schauenburger Grafen. Im Oktober 1426 brach erneut Krieg aus. Die wendischen Städte (Lübeck, Hamburg, Lüneburg, Wismar, Rostock, Stralsund) erhielten Unterstützung aus Niedersachsen. An der Spitze einer Flotte von 38 Schiffen und 8000 Mann stand Lübecks Bürgermeister Tidemann Steen. Er operierte glücklos. Angeblich wurde der König durch Spione über die Pläne unterrichtet und konnte sich vorbereiten. Die Hamburger ließen nach erfolglosem Ausgang den Anführer ihres Kontingents, Johann Kletzeke, hinrichten. Steen wurde einige Jahre in Haft gesteckt, kam 1434 wieder frei, als die Lage sich entspannt hatte. Erich Pommer hatte mit Aufständischen in Schweden zu kämpfen und musste Erweiterungspläne aufschieben.

Die deutschen Städte hingegen organisierten Kaperfahrten, bei denen skandinavische Schiffe geplündert und versenkt wurden. Erich war zu Friedensverhandlungen bereit, erneuerte im Vertrag von Vordingborg 1435 alte Privilegien der Hanse. Bald darauf geriet er nicht nur mit dem schwedischen, sondern auch mit dem eigenen Reichsrat in Konflikt. Alle drei Reichsräte erklärten ihn für abgesetzt, so dass er sich in seine Heimat Pommern zurückzog. Sein Nachfolger Christoph III. (von der Pfalz) gewann Adolf VIII. von Schauenburg für sich, als er ihm 1435 auch Schleswig übertrug. Mit den Hansestädten stellte Christoph sich gut, was ihn nicht hinderte, Engländern und Niederländern gleiche Handelsrechte einzuräumen. Das mündete in einen weiteren Kaperkrieg auf der Ostsee.

Auf Christoph III. folgte 1448 Christian I., wiederum ein Deutscher, aus dem Hause Oldenburg. (Er war allerdings nur noch König von Dänemark und Norwegen. Die Schweden hatten mit Karl Knutsson einen eigenen Herrscher erhoben.) Ihn hatte der 1459 kinderlos verstorbene Adolf VIII. von Schauenburg zum Erben der Herzogtümer eingesetzt. Christian erkannte die Wirtschaftskompetenz der Hanse an, aber die Zeit arbeitete gegen den Städtebund. Das Erstarken nationaler Staaten bedeutete, dass die Regenten den eigenen Handel förderten. Ende des 15. Jahrhunderts wurde eines der wichtigsten Kontore, der Peterhof in Nowgorod, von Zar Iwan III. geschlossen. Einige Dutzend Hansekaufleute setzte er gefangen.

Die Zügel lübischer Politik lagen von 1462 bis 1488 in den Händen des fähigen Bürgermeisters Hinrich Castorp. Er war aus Dortmund zugewandert, wurde 1450 Ältermann des Kontors in Brügge und 1451 in den Lübecker Rat berufen. Ein Jahrzehnt danach stieg er zum Bürgermeister auf; ein Beispiel dafür, dass man als Zugezogener höchste Ämter bekleiden konnte, wenn man wirtschaftlich erfolgreich war.

In den Auseinandersetzungen mit England, das seine Tuche selber vermarkten wollte, hatte Castorp eine glückliche

Hand. 1470 brach zwischen England und Lübeck ein Kaperkrieg aus. Englands König drohte, den Stalhof, das Londoner Kontor, zu schließen. Im Frieden von Utrecht 1474 gelang es Castorp, die Rechte des Stalhofs und der Hanse zu sichern. Das Wirken englischer Kaufleute war zunächst zurückgedrängt.

Sieben goldene Türme

Lübeck nennt sich gern die „Stadt der sieben goldenen Türme". Damit sind die alten Kirchtürme gemeint. Im Mittelalter erhoben sich 13 Kirchen und Kapellen auf der Stadtinsel. Kaufleute oder Handwerker schlossen sich zu Bruderschaften zusammen und unterhielten Altäre für ihre Schutzpatrone. Kirchen und Bruderschaften waren die wichtigsten Auftraggeber der Künstler. Einen ersten Altar weihte Bischof Vicelin um 1150 in der jungen Stadt. Er kann nur in einem Vorgängerbau von St. Marien gestanden haben, denn das Bistum wurde erst zehn Jahre später von Oldenburg nach Lübeck verlegt.

St. Marien entstand neben Rathaus und Markt, wurde früh als Kirche des Rates bezeichnet. Eine romanische Backsteinbasilika löste die frühe Holzkirche ab. Als Folge der Stadtbrände von 1251 und 1276 entstand St. Marien neu in gotischem Stil. Der Chor war um 1300 vollendet und konnte als Gottesdienstraum geweiht werden. Danach wuchs von Westen her das Langhaus. Mit den Türmen wurde 1304 beziehungsweise 1310 begonnen. Um 1335 war das Langhaus vollendet, 1350/51 standen die Türme mit 125 Metern Höhe.

Beim Bau der gotischen Marienkirche hatten die Baumeister die Formen der aus Frankreich stammenden neuen Bauweise vom Naturstein in das hier einzig vorhandene Material, den Backstein, zu übertragen. Da das in St. Marien überzeugend gelang, wurde der Bau Ausgangspunkt einer Reihe gotischer Kirchen im Ostseeraum. St Marien wurde zur „Mutter der nordeuropäischen Backsteingotik", wobei nicht alle Bauten in der Nachfolge die gleichen Ausmaße haben.

Imponierend ist der Blick in die Gewölbe der Marienkirche. Fast 40 Meter ragt das Mittelschiff auf und zwingt den Blick des Besuchers in die Höhe.

St. Marien ist 100 Meter lang, imponiert vor allem durch das fast 40 Meter hohe Mittelschiff. Die Innenausstattung wurde um 1700 radikal verändert, barocke Kunstwerke ersetzten die der Gotik. Der marmorne Hochaltar, den Bürgermeister Fredenhagen 1697 gestiftet hatte, glühte in der Bombennacht vom 28./29. März 1942 aus. Er wurde beim Wiederaufbau abgetragen.

DER DOM entstand nach der Verlegung des Bischofssitzes von Oldenburg nach Lübeck am Südende der Stadt. Die romanische Pfeilerbasilika, damals 92 Meter lang, wurde 1247 geweiht. Bischof Johannes von Tralau (im Amt 1260–1276) gab Anregungen zu seiner Umgestaltung in gotischem

Stil. 1266 wurde mit dem Umbau begonnen. Aus finanziellen Gründen ruhten die Arbeiten von 1276 bis 1317. Dann wurden sie unter Bischof Heinrich Bocholt (1317–1341) fortgeführt. Wichtigster neuer Bauteil war der gotische Ostchor anstelle der romanischen Apsiden. Außerdem wurden die Seitenschiffe erhöht, mit neuen Gewölben versehen. 1341 wurde der neue, nun 130 Meter lange Dom geweiht. Wenige Wochen davor war Bischof Bocholt gestorben. Er ist im Ostchor beigesetzt, bekam später eine Grabanlage mit einer lebensgroßen Vollplastik, die bis heute in der Mitte des Chores bewundert wird.

Der Dom erhielt zwischen dem 15. und 18. Jahrhundert Seitenkapellen. In einigen befinden sich Sarkophage der Fürstbischöfe aus dem Hause Oldenburg. Auch der Dom brannte beim Bombenangriff von 1942 aus. Einige Kunstwerke konnten gerettet werden. Dazu zählt das 17 Meter hohe Triumphkreuz, das Christus am Lebensbaum zeigt. Beim Wiederaufbau zwischen 1960 und 1973 wurde ein moderner Altartisch in die Mitte der Gemeinde gestellt. Der Dom vereint ein romanisches Mittelschiff mit gotischem Ostchor und barocken Kapellen.

St. Petri: Eine zweite Marktkirche wird bereits 1170 erwähnt. Um 1250 war sie als dreischiffige romanische Halle vollendet, mit einem Mittelschiff von 30 mal 20 Metern. Ab 1300 wurde sie gotisch umgestaltet. Ihre Kapellen wurden 1450 beziehungsweise 1519 zu eigenen Seitenschiffen erweitert. Auf diese Weise entstand, so nie geplant, eine fünfschiffige Hallenkirche. Beim Bombenangriff von 1942 wurde St. Petri besonders schwer getroffen. Dach und Turmhelm wurden zerstört, das Innere brannte völlig aus. Wegen Baufälligkeit sollten die frei stehenden Außenmauern abgebrochen werden, um bei Stürmen niemanden zu gefährden. Die Kirche erhielt 1960 ein Notdach, das die Mauern zusammenhielt. So stand sie Jahrzehnte, im Inneren Ruine. 1983 gründete sich der St. Petri-Bauverein, der eine Million DM an Spenden sammelte. Öffentliche Hände öffneten sich ebenfalls, so dass das Gotteshaus nach Wiederherstellung des Innenraumes im September 1987 neu geweiht werden konnte. Da die einstige Gemeinde auf umliegende Kirchen verteilt worden war, ist St. Petri seit-

Am Südrand der Altstadt liegt der Lübecker Dom, zu dem Heinrich der Löwe im Jahre 1173 den Grundstein legte. Mit gut 130 Metern Länge ist er einer der eindrucksvollsten Backsteinbauten Nordeuropas.

her Veranstaltungs- und Kulturkirche. Kirchliche Dienste und Werke nutzen sie ebenso wie die Universität oder die Stadt. Ein Fahrstuhl führt zur Aussichtsplattform in 50 Meter Höhe.

St. Jakobi beherrscht zusammen mit dem Heilig Geist Hospital und repräsentativen Bürgerhäusern den Koberg am nördlichen Teil des Stadthügels. 1227 wird St. Jakobi im Oberstadtbuch erwähnt. Das damalige Bauwerk wurde beim Brand von 1276 zerstört. Ab 1300 entsteht ein Neubau. 1334 wird der gotische Altar geweiht. Patron ist Jakobus, zu dessen Grab auch Pilger aus Skandinavien nach Santiago de Compostela unterwegs waren. Lübeck war Pilgerstation. Die gotische Kirche ist unbeschädigt über den zweiten Weltkrieg gekommen, so dass die reiche Ausstattung erhalten blieb, einschließlich barockem Hochaltar, Kastengestühl und den Orgeln, deren

Pfeifensubstanz zum großen Teil noch historisch ist. In der sogenannten Norddeutschen Orgelbewegung ab 1925, die eine Abkehr von romantischen Orgeln mit immer größerer Pfeifenzahl einleitete, war St. Jakobi Ziel der Musikforscher.

St. Aegidien, die kleinste der Stadtkirchen, war Filiale des Domes im Viertel der Handwerker und Ackerbauern. Patron ist St. Aegidius, einer der 14 Nothelfer. Die Kirche wird 1227 zusammen mit St. Petri und St. Jakobi im Oberstadtbuch genannt. Ein romanischer Vorgängerbau wich auch hier in der ersten Hälfte des 14. Jahrhunderts einer dreischiffigen gotischen Halle. Der Chor entstand später neu, worauf Schenkungen des 15. Jahrhunderts verweisen. Besonderheiten sind der 1586/87 vom Lübecker Meister Tönnies Evers geschnitzte und bemalte Lettner, der als Singechor diente, und der barocke Orgelprospekt, der wie der Bug einer Kogge ins Kirchenschiff ragt. St. Aegidien litt zwar ebenfalls beim Bombenangriff 1942, außer Schäden an Dächern und Fenstern aber geschah nicht allzu viel.

Neben bestehenden Klöstern, St. Johannis, St. Katharinen und Burgkloster, wurde Anfang des 16. Jahrhunderts ein weiteres gebaut. Der Grund war die Weigerung der Mecklenburger Stifte, auch künftig unverheiratete Töchter aus Lübeck aufzunehmen. Das für diesen Zweck umgewidmete Johanniskloster war zu klein geworden. So wurde zwischen 1502 und 1515 ein Neubau errichtet und der heiligen Anna, der Mutter Mariens, geweiht. Nach Annahme der Reformation im Jahre 1531 wurde das St. Annen-Kloster anderen Zwecken zugeführt. Es war Armen-, Waisen- und Arbeitshaus, diente als Besserungsanstalt oder Gefängnis. 1843 brannte die Kirche des Klosters ab. Die Räume standen danach jahrzehntelang leer. 1915 beschloss der Senat, hier ein Museum einzurichten, um das überfüllte Dom-Museum zu entlasten.

Am 12. September 1987 wurde die im Krieg zerstörte Petrikirche neu geweiht. Sie dient seither als City- und Kulturkirche.

St. Annen-Museum
Das St. Annen-Museum beherbergt heute die schönsten Sammlungen zur Stadt- und Kirchengeschichte. Im ehemaligen Remter haben zum Beispiel gotische Schnitzaltäre einen würdigen Raum gefunden. Sie stammen alle aus Lübecker Kirchen. Angegliedert ist eine Paramentenkammer, in der auch die geistlichen Textilien betreut werden, die gegen Ende des zweiten Weltkriegs Flüchtlinge aus Danzig mitbrachten. 2003 wurde als moderner Anbau eine Kunsthalle eröffnet, die über den Resten der Kirche steht. Sie zeigt Kunst nach 1945. Der Bau ist eine Spende der Possehl-Stiftung. (s. S. 114)

Bischof und Stadt

Der Gegensatz zwischen Bischof und Domkapitel auf der einen sowie Bürgergemeinde und Rat auf der anderen Seite kam nicht nur bei der Neufassung der Regeln für das Heilig Geist Hospital nach 1276 zum Ausdruck. Der Lübecker Bischof war deutscher Reichsfürst, hatte jedoch außer in geistlichen Fragen in der Stadt keine Befugnisse. Viele Bischöfe residierten im ländlichen Eutin. Die dortige St. Michaelskirche wurde zum Kollegiatstift erhoben, um ein Gegengewicht zum Lübecker Dom zu haben. Streit gab es häufig wegen der Besetzung der Pfarrstellen. Für St. Marien, die Ratskirche, wurde ein Kompromiss gefunden. Der Rat hatte ein Präsentationsrecht, der Bischof bestätigte. Schon 1227 hatte der Rat verfügt, dass kein Bürger dem Kapitel Grundstücke veräußern oder vererben dürfe, um den Rechtsbereich der Domfreiheit nicht zu vergrößern. Wer sein Vermögen der Kirche vermachen wollte, musste das Grundstück verkaufen und konnte dann über den Erlös verfügen.

Auch an praktischen Fragen entzündete sich Streit, so einige Jahre lang, von 1277 bis 1281, an der Beerdigungspraxis. Viele Bürger ließen ihre Toten von Angehörigen der Bettelorden bestatten, in deren Kirchen ihre Zünfte Altäre unterhielten. Im Dom oder den dem Kapitel unterstehenden Stadtkirchen war die Bestattung teurer. Bischof Burkhard von Serken (im Amt 1276–1317) verhängte wegen dieser Frage das

Interdikt über die Stadt. Gottesdienste und Amtshandlungen wie Taufen, Eheschließungen und Beerdigungen waren untersagt, Mitglieder des Rates wurden in den Bann getan. Da Mönche und Angehörige des niedrigen Klerus die Bevölkerung weiterhin versorgten, verfehlte das Interdikt jedoch seine Wirkung. Schließlich entschied Rom: Geistliche, die von den Bürgern bisweilen gehindert worden waren, an den Stadtkirchen zu amtieren, durften zurückkehren, die Bettelorden weiterhin bestatten. Vorsteher der zweiten Marktkirche St. Petri und von St. Jakobi, der Kirche der Schiffer und Fischer, durften einen bestimmten Domherrn als Pfarrer erbitten. Das Kapitel war nicht verpflichtet, der Bitte zu entsprechen. St. Aegidien, durch räumliche Nähe dem Dom verpflichtet, hatte ein derartiges Recht nicht. Diese für das 13. bis 15. Jahrhundert ungewöhnliche Beteiligung der Bürger an der Versorgung mit Pfarrern blieb im Wesentlichen bis zur Reformation bestehen.

Auf den streitbaren Bischof Burkhard von Serken folgte 1317 (bis 1341) ein Lübecker, Heinrich von Bocholt, der mit den führenden Persönlichkeiten im Rat besser auskam. Von den bis zur Reformation folgenden 17 Bischöfen stammten neun aus Lübeck, zwei aus Hamburg.

Frühes Zentrum der Buchdruckerkunst

Die Buchdruckerkunst entwickelte im 15. Jahrhundert ein Zentrum in Lübeck. Lucas Brandis eröffnete 1474 als erster Drucker eine leistungsfähige Werkstatt. Sein bedeutendstes Werk war das 1475 abgeschlossene *Rudimentum novitiorum*, eine Darstellung der Geschichte seit Schaffung der Erde, mit fast 100 Holzschnitten versehen. Angehängt war ein kalendermäßig geordnetes Martyrologium.

Bischof Albert Krummediek (im Amt 1466–1489) ließ 1486 das erste Missale für Lübeck, *Missale Lubicense*, bei Matthäus Brandis, einem Bruder von Lucas, drucken. Neben solchen lateinischen Werken stand Erbauungsliteratur in Niederdeutsch. Bekannt geworden ist vor allem die mit 92 Holzschnitten versehene Lübecker Bibel von 1494 des Druckers Steffen Arndes, eine Übertragung der Heiligen Schrift ins Deutsche vor der Reformation, ein Höhepunkt des Buchdrucks der Frühzeit. 1488 wurde auch das erste finnische Buch, ein Messbuch (*Missale*

Aboense) für den Bischof von Turku, bei Bartholomäus Ghotan in Lübeck gedruckt.
Die Buchdrucker waren in früher Zeit zugleich Schriftgießer, Buchbinder und Buchhändler. In die Umgangssprache ist eine Lübecker Buchdruckerfamilie, die von Johann Balhorn (1531–1597) eingegangen: in der Bezeichnung „verballhornen“ für „verschlimmbessern“.
Auf die niederdeutsche Volksdichtung *Reyneke de vos* (Lübeck, 1498) bezog sich Goethe mit seinem „Reineke Fuchs“.

Die Reformation als Volksbewegung

Die Reformation

Ein besonderes Kapitel Lübecker Geschichte bildet die Reformation. Sie wurde in den meisten Regionen durch Beschluss der Landesfürsten eingeführt. In Lübeck kam der Wunsch nach dem Neuen aus der Bevölkerung. König Friedrich I. von Dänemark, Landesherr im Umland, verordnete bereits 1524, jedermann solle „sich in seiner Religion so verhalten, wie er es gegen Gott den Allmächtigen mit seinem Gewissen gedenke zu verantworten". Für Dänemark sprach Friedrich drei Jahre später die Gleichberechtigung von lutherischer und römischer Lehre aus. In Lübeck verbot der konservative Rat die Lehren Luthers. Trotzdem konnte er nicht verhindern, dass durch den weltweiten Handel evangelische Schriften kursierten. Viele Bürger besuchten Gottesdienste in den Nachbarorten.

Ein Mönch aus Stade, Johann Ossenbrügge, der in Bürgerhäusern lutherisch predigte, wurde eingesperrt und erst auf massiven Protest wieder freigelassen, dann allerdings ausgewiesen. In der Stadt wandten sich zwei Geistliche der neuen Lehre zu, hielten Predigten in deutscher Sprache, Andreas Wilms in St. Aegidien und Johann Walhoff in St. Marien. Auch sie wurden ausgewiesen, noch 1528. Insbesondere Bürgermeister Nikolaus Brömse war ein strenger Verfechter der alten Lehre. Lutherische Schriften ließ er öffentlich verbrennen. Der Hansetag vom Juli 1525 behandelte das Thema des Religionsstreits. Er beschloss gegen die Stimme Lübecks, jede Stadt solle mit geeigneten Mitteln für die Vermeidung von Aufruhr sorgen, auch durch Anstellung evangelischer Prediger.

Neue Steuern, neuer Glaube

Als Hebel diente den Lübeckern schließlich die Steuergesetzgebung. Wieder einmal war die Stadt in Geldnot. Es lag auch daran, dass Lübeck, obwohl nicht mehr die Nummer Eins unter den Reichsstädten – Augsburg und Nürnberg waren inzwischen wirtschaftlich mächtiger – einen hohen Anteil an Reichssteuern zu zahlen hatte. Das Lübecker Kontingent an Soldaten und Reitern bei Reichskriegen betrug zum Beispiel die Hälfte des gesamten bayerischen Anteils. Auch an der Türkensteuer war Lübeck stark beteiligt. Sie wurde verwendet, um Seeleute frei zu kaufen, die von muslimischen Seeräubern gekapert worden waren. Der Rat wollte 1528 die Steuern erhöhen, brauchte jedoch die Mitwirkung der Bürger. Der Bürgerausschuss aber machte die Zahlung höherer Steuern von der Anstellung „evangelischer Predicanten" abhängig. Er forderte zudem Offenlegung der Finanzen, erst danach wollte man über „die neuen Geldartikel" verhandeln.

Der Singekrieg

Die politische Diskussion hatte Auswirkungen auf den Gottesdienst. In St. Jakobi kam es zu Zwischenfällen, die als „Lübecker Singekrieg" in die Geschichte eingingen: Wenn nämlich ein Prediger Formulierungen gebrauchte, die den Zuhörern missfielen, stimmten Gemeindeglieder spontan Luther-Lieder an, die den Prediger hinderten, fortzufahren. Dass die Menschen solche verbotenen Lieder kannten, lag daran, dass sie im Umland gesungen wurden und dass sich Flugblätter in einer offenen Stadt nicht verbieten ließen. Im Dom geschah Ähnliches. Als sich dort ein Kandidat für ein hohes Amt vorstellte, wurde er mit Gesängen zum Schweigen gebracht, wenn er „papistische Formeln" gebrauchte. Entnervt reiste der Kandidat wieder ab. Der Rat erlaubte daraufhin den Predigern Andreas Wilms und Johann Walhoff die Rückkehr. In St. Aegidien ging man daran, Strukturen zu ändern. Der Laienkelch wurde eingeführt.

Im April 1530 tagten Rat und Bürgerausschuss gemeinsam, um den Religionsstreit beizulegen und die Steuerfrage vom Tisch zu bringen. Die Altgläubigen um Bürgermeister Brömse lenkten ein, erlaubten evangelische Predigt und in

St. Aegidien das lutherische Abendmahl. Brömse habe nachgegeben, so vermuten manche, weil er hoffte, der nach Augsburg einberufene Reichstag würde die Reformation verbieten und die Entwicklung zurückdrehen. Der Bürgerausschuss, auf 64 Mitglieder angewachsen, ließ sich für die Zustimmung zur Steuerpolitik das Recht zusichern, ständig bei Sitzungen im Rathaus vertreten zu sein. Das Misstrauen schien berechtigt, denn Brömse hatte heimlich Kontakt zu Kaiser Karl V. und zu katholischen Fürsten aufgenommen, um sie notfalls zum Angriff auf die Stadt zu bewegen. Am 26. Juni 1530, während des Hansetages, forderte Brömse die Vertreter der Städte auf, an einer Prozession teilzunehmen, die es nur in Lübeck gab. Sie war 1419 nach Beilegung der Kämpfe mit dem Neuen Rat eingeführt worden, um für die Aufrechterhaltung der Ordnung zu beten. Bei etlichen Städten stieß diese Zeremonie auf Unverständnis. Gerüchte über bevorstehende Gewaltanwendung kursierten, die Spannung wuchs. Der 64er-Ausschuss konkretisierte seine Forderung: Der Gottesdienst sei zu reformieren, das Katharinenkloster in eine Schule, das Burgkloster in ein Armenhaus umzuwandeln. Man forderte die Erstellung einer evangelischen Kirchenordnung und die Anerkennung des Ausschusses als ständige Vertretung der Bürger.

Johannes Bugenhagen, Mitarbeiter Martin Luthers, verfasste 1530/31 eine neue Kirchen- und Stadtordnung. Sie wurde Pfingsten 1531 verkündet. Gezeichnet und gestochen von Hugo Bürkner.

Um den Frieden nicht zu gefährden, gab der Rat am 30. Juni 1530 nach. Die Kirchenreform wurde in Angriff genommen, jedoch kurz darauf wieder infrage gestellt. Ein Bruder

Bürgermeister Brömses hatte auf dem Augsburger Reichstag ein Mandat erwirkt, das kirchen- und verfassungsrechtliche Neuerungen in der Reichsstadt Lübeck untersagte. Als dieses Schreiben den Bürgern verlesen wurde, begannen aufgebrachte Gruppen mit Verteidigungsmaßnahmen, weil sie Gewalt befürchteten. Jürgen Wullenwever, revolutionärer Wortführer des Ausschusses, kündigte seinen Rücktritt an, was das kaiserliche Mandat nahelegte. Da der Rücktritt des prominentesten Sprechers der Bürger womöglich Aufruhr ausgelöst hätte, lenkte Brömse ein und stimmte wichtigen Forderungen der anderen Seite zu. Die Bürger hakten nach und wählten einen weiteren Ausschuss von 100 Personen. Die alte Ratsverfassung war aus den Angeln gehoben. Die Bürger hatten sich die Mitsprache erstritten, wenn sie auch nicht am Rat beteiligt waren wie zwischen 1408 und 1416.

Neue Stadtordnung

Durch neue Vereinbarungen vom Oktober 1530 war die Voraussetzung für eine neue Kirchenordnung geschaffen. Die Lübecker waren selbstbewusst genug, Martin Luther zu ersuchen, in die Stadt zu kommen und die Artikel einer neuen Stadt- und Kirchenordnung zu verfassen. Luther lehnte ab. Er verstand das Niederdeutsche nicht, das in Norddeutschland gesprochen wurde. Allerdings schickte er einen engen Mitarbeiter, seinen Beichtvater Johannes Bugenhagen. Der gebürtige Pommer hatte keine sprachlichen Probleme. Zudem hatte er 1528 bereits für Braunschweig, 1529 für Hamburg neue Ordnungen geschaffen. Der Dr. Pomeranus blieb mehrere Monate in Lübeck, wohnte im Pfarrhaus von St. Marien, wo er oft predigte. Zu Pfingsten 1531, am 31. Mai, wurde seine, „Der Kaiserlichen Stadt Lübeck Christliche Ordnung", vom Rat verkündet.

Kurz zuvor, am 8. April, hatten die Bürgermeister Nikolaus Brömse und Hermann Plönnies, die Stadt verlassen. Zunächst bei Herzog Albrecht von Mecklenburg, dann bei Kaiser Karl ersuchten sie um militärische Hilfe gegen den

Eines der bekanntesten Gebäude Lübecks ist das Holstentor. Im Dezember 2006 wurden umfangreiche Restaurierungsarbeiten abgeschlossen.

„evangelischen Aufruhr". Bei der Bevölkerung löste das helle Empörung aus. Das Rad der Geschichte ließ sich jedoch nicht zurückdrehen. Aus dem Katharinenkloster wurde eine bürgerliche Lateinschule. Ihr erster Rektor, Hermann Bonnus, wurde zum geistlichen Leiter der Kirche berufen und als Superintendent eingesetzt. Die Stadt war evangelisch geworden. Den Domherren wurde gestattet, ihren Glauben zu leben. Erst nach dem Tod des Letzten sollte der Dom evangelisch werden. Neu geregelt wurde das Armenwesen, das der Stadt und nicht mehr der Mildtätigkeit des Domkapitels unterstand. Dem Wortführer der „Revolution", Jürgen Wullenwever, gelang der Aufstieg zum Bürgermeister. Mit seinem Namen ist ein Kapitel abenteuerlicher Politik verbunden.

Wullenwevers Abenteuer

Jürgen Wullenwever, 1492 oder 1493 in Hamburg geboren, war ein begabter Redner, gebärdete sich gern als Volkstribun. Zusammen mit Markus Meyer, einem zweiten Hamburger, der die Lübecker Stadtknechte, das Militär, befehligte, setzte Wullenwever durch, dass der Rat im März 1533 neu geordnet wurde. Acht Bürgerliche wurden Ratsmitglieder, zwei von ihnen, darunter Wullenwever, Bürgermeister. Wullenwever bestimmte die Politik. Zunächst wollte er die Holländer aus der Ostsee vertreiben, die eine große Konkurrenz geworden waren. Um seinen Feldzug zu finanzieren, hätte er die Bürger mit beraten lassen müssen. Das war ihm offenbar zu umständlich. Er ließ die bei der Neuordnung der Kirche eingesammelten silbernen und goldenen Altargeräte, Leuchter, Kruzifixe einschmelzen und zu Münzen umprägen, insgesamt 96 Zentner Edelmetall. Konservative sprachen von einem Akt barbarischer Bilderstürmerei.

Für seinen Feldzug gegen die Holländer fand Wullenwever keine Unterstützung der Hanse, so dass Lübeck am 29. März 1533 Amsterdam allein die Fehde ansagte. Der Kaperfeldzug war ein totaler Misserfolg. Die Holländer wussten offenbar, wo sich die kleine Lübecker Flotte jeweils aufhielt und hielten ihre Frachtschiffe von solchen Orten fern. Um sie vor der eigenen Küste zu treffen, segelte Markus Meyer mit einem Teil der Flotte in die Nordsee, wo er mit englischen Schiffen kollidierte. Meyer wurde als Seeräuber nach London gebracht. König Heinrich VIII. ließ ihn nach Intervention aus dem Londoner Stalhof wieder frei.

Ein weiterer außenpolitischer Misserfolg stellte sich ein. Schwedens König Gustav Wasa brach mit Lübeck und schloss mit Niederländern Handelsverträge. Das verstanden die Lübecker überhaupt nicht. Gustav Wasa hatte nämlich 1519 auf der Flucht vor den Dänen in Lübeck Zuflucht gefunden, war im Haus von Bürgermeister Brömse versteckt worden. Lübeck war isoliert. Die Schuldenlast durch Wullenwevers Flottenpolitik drückte. Er erließ ein Edikt, das Kritik am Rat und nicht genehmigte Versammlungen verbot. Durch zündende Reden brachte er Kritiker im Rat zum Schweigen. Andere wurden unter Berufung auf das neue Edikt unter Hausarrest gestellt oder aus dem Rat gedrängt. Da es keine Nachwahl gab, behielt Wullenwever die Mehrheit.

Wullenwever versuchte sein Heil in weiteren Kämpfen, zum Beispiel gegen Dänemark, wo es nach dem Tod von Friedrich I. 1534 zu Thronstreitigkeiten (sog. „Grafenfehde") gekommen war. Dem Volkstribun schwebte vor, mit Hilfe der Städte, Bauern und Bürger im nördlichen Nachbarland die Macht des Monarchen zu begrenzen und den Öresund unter seine Kontrolle zu bringen. Hierzu brauchte er die Festungen Helsingör und Helsinborg. Außerdem forderte er die Inseln Gotland und Bornholm. Da Wullenwever kein Heer hatte, warb er ein Söldnerkontingent an, das unter dem Befehl von Graf Christoph von Oldenburg stand. Die Soldaten lieferten sich im Umland Scharmützel, die nur Geld kosteten. Sie trugen Lübeck im Herbst 1534 die Sperrung der Trave ein, womit der Hafen blockiert war.

Feldhauptmann Markus Meyer und Bürgermeister Wullenwever wurden auch in der Bevölkerung kritisiert. Die Hanse traf sich im Sommer 1535 nicht in Lübeck, sondern in Lüneburg. Man diskutierte die außen- und innenpolitische Lage Lübecks. In dieser Situation griff Kaiser Karl ein. In seinem Namen ordnete das Reichskammergericht an, die Mandate von 1530 und 1531 endlich auszuführen und die alte Ordnung wieder herzustellen. Die Stadt war nicht mehr in der Situation, eine solche Aufforderung einfach zu ignorieren. Wullenwever versuchte zwar, die Bürger gegen die Restauration zu mobilisieren, aber ohne Erfolg. Der Hinweis, der alte Glaube könnte zwangseingeführt werden, brachte den Bürgerausschuss dazu, auf der Beibehaltung der Reformation zu bestehen. Wullenwever verließ die Stadt. Bürgermeister Brömse kehrte zurück. Anfang November 1535 wurde Wullenwever im Gebiet des Bremer Erzbischofs Christoph verhaftet. Des Bischofs Bruder, Herzog Heinrich von Braunschweig-Wolfenbüttel, übernahm den Rest. Heinrich war ein unversöhnlicher Feind des Protestantismus. Wullenwever wurde der Prozess gemacht. Als Aufrührer wurde er in Wolfenbüttel zum Tode verurteilt und dort am 24. September 1537 hingerichtet.

In Lübeck traten während des Prozesses, der in ganz Norddeutschland auf großes Interesse stieß, die vom Bürgerausschuss gewählten Ratsmitglieder zurück. Der alte Rat übernahm wieder seine Funktion. Die Reformation wurde allerdings nicht rückgängig gemacht. Der Rezess von 1535 stellte die Ratsaristokratie wieder her. Der Rat übernahm auch das Kirchenregiment.

Inzwischen entwickelte sich England zur Seemacht. Zum Ärger Lübecks gewährten deutsche Städte – Hamburg, Stade, Emden – englischen Kaufleuten Niederlassungsrechte. Als Sir Francis Drake 1589 in der Tejo-Mündung eine hanseatische Flotte von 60 Schiffen aufbrachte, wurden englische Kaufleute aus allen deutschen Städten ausgewiesen. Elizabeth I. schloss daraufhin den Stalhof, das Hansekontor an der Themse. Die Lage war überall schwierig. Der Russlandhandel lief über Riga, Reval und Dorpat, Hansestadt konkurrierte mit Hansestadt. Riga und Livland kamen unter polnische Hoheit, Estland mit Reval unter schwedische. Wenigstens ein Lichtblick in schweren Zeit: Für Lübeck wurde Narwa zum florierenden russischen Handelsplatz; jedenfalls, bis Gustav Wasas Sohn und Nachfolger, Erich XIV., eingriff. Da ihm Reval gehörte, konnte er die Zufahrt nach Narwa sperren. In Dänemark hingen die Handelsfreiheiten immer an der Gunst des Regenten. In Antwerpen entstand zwischen 1564 und 1568 das neue Hansekontor, das Osterlingehaus.

Bürger als Mäzene

Noch immer gab es vermögende Bürger, die viel für ihre Stadt taten. Sie finanzierten unter anderem neue Verteidigungsanlagen. Da man weder auf die Flotte noch auf die Stadtknechte bauen konnte, wurden die Wälle verstärkt, erhielten moderne Bastionen. Sowohl dem Burgtor als auch dem Mühlentor wurden weitere Mauern und Tore vorgesetzt. Ein neues äußeres Holstentor entstand. Das Rathaus wurde verschönert. In reiner Renaissance-Architektur ist bis heute das Zeughaus neben dem Dom zu bewundern. Die berühmten Holzschnitzer Tönnies Evers, Vater und Sohn, statteten offizielle Räume aus. Die sogenannten Kisten- und Paneelmacher schufen neues Kirchengestühl, Singe- oder Orgelemporen. Auch reiche Bürger bestellten holzgeschnitzte Wandverkleidungen. Das Fredenhagenzimmer im Haus der Kaufmannschaft legt hierfür Zeugnis ab.

Die Lage um 1600

Jahrhundertwechsel regen zur Standortbestimmung an. Lübeck war um 1600 noch immer eine bedeutende Stadt. Es besaß nach Holland und vor England die zweitgrößte Handelsflotte Nordeuropas. Aber die Zeit der wirtschaftlichen Vormachtstellung war vorbei. Die Stadt, deren Bedeutung auf dem Handel in der Ostsee begründet lag, musste erkennen, dass dieses Meer nicht mehr der Nabel der Welt war. Hamburg wuchs. Lübeck wurde Hamburgs Ostseehafen. Es war einmal umgekehrt gewesen. Der Lübecker Kaufmann musste neue Märkte suchen, sich von Altgewohntem verabschieden. In der Bergenfahrt wurde Lübeck von Bremen und Rostock überflügelt. Der Handel mit Russland war zum Erliegen gekommen. Heringe wurden nicht mehr vor Schonen gefangen, der Fisch hatte seine Laichgründe verlegt. Andere Routen waren erfolgreicher. Der Handel mit Danzig florierte. Auch der Warenaustausch mit Spanien und Portugal nahm zu. Allerdings waren dies risikoreiche Fahrten. Das lag nicht nur an maurischen Piraten, auch die Engländer kaperten Handelsschiffe. Den Spanienfahrern kam zugute, dass nach dem Abfall der Niederlande Philipp II. seine Häfen den deutschen Kaufleuten öffnete, die Fleisch und Getreide brachten, Flachs und Hanf. Auf der Rückreise führten sie Öl, Südfrüchte, Gewürze, brasilianische Hölzer und Zucker mit. Der Begriff Kolonialwaren war geboren.

Bei Zar Boris Godunow

Nachdem auf mehreren Hansetagen die Wiederbelebung des Russlandhandels diskutiert worden war, machte sich 1603 eine Delegation unter Führung des Lübecker Bürgermeisters

Konrad Garmers zum Zarenhof auf. Zar Boris Godunow empfing die Delegation freundlich, gestattete aber nur dem federführenden Lübeck die erbetenen Handelsrechte. Darüber gab es auf dem Hansetag 1604 Streit. Andere Städte warfen Lübeck Egoismus vor und weigerten sich, ihren Anteil an den Kosten der Gesandtschaft zu zahlen. Nach dem Tod Boris Godunows ein Jahr später verhinderten polnische und schwedische Invasionen das Aufblühen des Russlandhandels. Noch bei Peter dem Großen wurden die Lübecker vorstellig, erfolglos.

Besonders abhängig war die Lübecker Politik weiterhin vom Nachbarn Dänemark. Dort hatte 1588 Christian IV. nominell den Thron bestiegen. Nachdem er 1596 mündig geworden war, verfolgte er Pläne, die die Stärkung seiner Macht zum Ziel hatten. Er strich Zollvergünstigungen, vertrieb die Heringshändler. Erst als er in kriegerische Auseinandersetzungen mit Schweden verwickelt wurde, lenkte er ein. Er brauchte Lübecks Hafen zur Versorgung seiner Untertanen. Kaum hatte er jedoch in Schweden den Rücken frei, wandte er sich wieder den südlichen Nachbarn zu. 1611 verbot Christian den Lübeckern, nach Schweden und in den finnischen Meerbusen zu fahren. 1612 sperrten dänische Schiffe die Trave-Einfahrt. Zweimal wandten sich die Lübecker an den Kaiser und erhielten Schreiben, mit denen der Dänenkönig aufgefordert wurde, die Handelsfreiheit in der Ostsee zu respektieren. Es war papierne Hilfe, um die Christian sich nicht scherte. Lübeck musste sich nach Bundesgenossen umsehen und fand sie im bisherigen Erzfeind, in den holländischen Städten. Auch sie waren am freien Warenaustausch interessiert. Bürgermeister Heinrich Brokes (1567–1623) handelte einen entsprechenden Vertrag aus, dem sich andere Hansestädte anschlossen.

Der Dreißigjährige Krieg

Inzwischen waren, insbesondere in Süddeutschland, die Spannungen zwischen evangelischen und katholischen Fürsten gewachsen. Der Norden war hiervon relativ unberührt.

Allerdings fürchtete Christian IV., dass ein eventuelles Vorrücken kaiserlicher Truppen seinen Einflussbereich stören könnte. Er hatte Verhandlungen geführt, um seinen Söhnen die evangelisch gewordenen Bischofssitze von Bremen, Osnabrück und Verden zu sichern. Für einen eventuellen militärischen Kampf hatte Christian Zusagen von England und den Niederlanden erhalten. Nun umwarb er Lübeck. Ebenso sprachen Abgesandte des kaiserlichen Feldherrn Tilly in der Reichsstadt vor. Lübeck hatte gelernt, dass Parteinahme selten zum Vorteil der Stadt gereichte und erklärte sich für strikt neutral. Ungeschoren kam es dennoch nicht davon. Kaiserliche Truppen unter Tilly und Graf Ernst von Mansfeld schlugen 1625 ihr Winterquartier auf Lübecker Landgebiet auf. Mehrfach kam es auch in der Stadt zu Plünderungen. Christian und seine Verbündeten verloren 1626 die Schlachten bei Lutter am Barenberge und an der Dessauer Brücke. Zurückflutende oder fliehende Soldaten nahmen ihren Weg über Lübecker Gebiet. Die Stadt selbst war in den Jahren zuvor festungsmäßig verstärkt worden. Hierfür waren selbst Gotteshäuser vor den Toren, die St. Gertrud- und die St. Jürgen-Kapelle, geopfert worden. Das hatte Proteste ausgelöst, erwies sich nun aber als sinnvoll. Die Führer der kaiserlichen Heere und Dänemark schlossen Frieden. Ein entsprechender Vertrag wurde am 22. Mai 1629 in Lübeck unterzeichnet.

Inzwischen war den Kaiserlichen mit Gustav Adolf von Schweden ein neuer Gegner erwachsen. Gustav Adolf, der für die protestantische Sache eintrat, hatte 1630 Pommern eingenommen und zog Richtung Lübeck. Die Stadt musste ihre Neutralität mit hohen Geldsummen bezahlen. Trotzdem durchstreiften 1636 schwedische Truppen plündernd das Umland. Aus kriegerischen Handlungen konnte Lübeck sich heraushalten, der Handel aber war zum Erliegen gekommen.

Mitte der vierziger Jahre des 17. Jahrhunderts begannen in Osnabrück Friedensverhandlungen. Lübeck war seit Dezember 1644 durch Syndikus David Gloxin (1597–1671) vertreten, der für die Hanse sprach. Im Westfälischen Frieden von 1648 wurde Lübeck die Reichsfreiheit bestätigt. Inzwischen waren auch die Schwesterstädte Hamburg und Bremen reichsfrei geworden. Andere Hansestädte wie Wismar, Stralsund, Greifswald, Stettin kamen unter schwedische Herrschaft.

Allgemeine Kasse und Bürgerrezess

In der Stadt wusste Mitte des 17. Jahrhunderts niemand, wie die finanzielle Lage war. Jedes der etwa 40 Ratsämter durfte Anleihen aufnehmen, ohne Abstimmung mit anderen Offizien. 1661 konnte die Stadtkasse die Zinsen für ihre Darlehen nicht mehr zahlen. Der Rat wandte sich an die Bürgerschaft und machte Vorschläge zur Erhöhung der Einnahmen. Die Bürger forderten am 8. Juni 1662 die Einrichtung einer Allgemeinen Kasse, die durch ihre Vertreter kontrolliert werden sollte. Der Rat zögerte, wollte sich offenbar nicht in die Karten schauen lassen.

Währenddessen beschäftigte ein neues Problem die Öffentlichkeit, die Tätigkeit sogenannter Unzünftiger auf den Landgütern, deren Besitzer in der Regel reiche Ratsmitglieder waren. Mit ihren Produkten machten die Unzünftigen – die also nicht den Ämtern, den Zünften angehörten – den städtischen Gewerben Konkurrenz. Die Zünfte verlangten deshalb „Visitationen“ auf dem Lande.

Visitationen bei den Unzünftigen
Am 21. März 1665 zogen etwa 600 bis 700 Mann bewaffnet auf die Landgüter in Moisling, Niendorf, Stockelsdorf und Mori, begleitet von Beobachtern der Ämter und Gerichtsdienern. Auf einigen Gütern wurde Handwerkszeug zerstört oder konfisziert, in den Brauereien das Bier verschüttet. In den Herrenhäusern beschädigten die Visitatoren Möbel und Gemälde. Im Abstand weniger Tage wiederholten sich derartige Visitationen in anderen Dörfern. Der Führer der Konservativen im Rat, Dietrich Brömbsen, forderte schließlich Hilfe vom Kaiser gegen die Unruhestifter. Da eine kaiserliche Kommission angekündigt wurde, hörten die Gewalttaten auf.

Außerdem einigte man sich im Kassarezess vom 26. Juli 1665 auf eine Allgemeine Kasse, neben der freilich noch immer

Die Schiffergesellschaft gilt als „klassischste Kneipe der Welt". Die Gaststätte ist bei Lübeckbesuchern besonders beliebt.

Sonderbereiche existierten. Die Allgemeine Kasse sollte von Vertretern der Kollegien mitverwaltet werden, die aufgefordert wurden, Kandidaten zu benennen.

Am Steueraufkommen sollte künftig jeder Bürger nach seinem Vermögen beteiligt werden. Das war neu. Bisher waren sogenannte Rentner, also Begüterte, die von den Zinsen ihres Kapitals lebten, von Abgaben frei gewesen. Ebenso hatten Grundbesitzer für Ländereien außerhalb der Stadtmauern keine Steuern gezahlt. Die vorgelegte Kassenübersicht brachte eine ungeheure Schuldenlast zutage. Wenige Jahre später konnten die Zinsen wieder nicht gezahlt werden. Nicht die Verwaltung der Finanzen allein war das Problem, sondern die schlechte Wirtschaftslage. Im August 1668 kam es zu einem Übergriff. Da der Rat nicht alle Abrechnungen vorlegte, holte sich eine Abordnung der Bürger die fehlenden Bücher mit Gewalt. Daraufhin erschien am 23. Oktober 1668 tatsächlich eine kaiserliche Kommission.

Der Bürgerrezess von 1669

Der Bürgerrezess vom 9. Januar 1669 war das Ergebnis erneuter Verhandlungen zwischen Rat und Bürgerschaft. Erstmals wurden nun schriftlich fixierte Vereinbarungen getroffen, u. a. zur Stadtregierung. Die Größe des Rates wurde neu bestimmt. Er bestand künftig aus vier Bürgermeistern (drei Juristen, einem Kaufmann) sowie weiteren 16 Mitgliedern, die die Gesellschaft repräsentierten: zwei Gelehrte, je drei Mitglieder der Zirkel- und Kaufleutekompanie sowie acht Vertreter der „kommerzierenden Kaufleute" (Handel- und Gewerbetreibende). Verwandte ersten und zweiten Grades durften nicht mehr gleichzeitig dem Rat angehören. Frei werdende Stellen waren innerhalb von vier Wochen neu zu besetzen.

Den Bürgern war bei folgenden Angelegenheiten Mitsprache zugestanden: Entscheidungen über Krieg und Frieden, Bau neuer Befestigungen, Abschluss von Bündnissen, An- und Verkauf von Grundbesitz, Erhebung außerordentlicher Steuern. Die zwölf Kollegien, die Kandidaten entsenden konnten, waren Zirkel- und Kaufleutekompanie, Schonen-, Bergen-, Stockholm-, Nowgorod-, Rigafahrer, Gewandschneider (Tuchhändler), Krämer, Schiffer, Brauer. Die vier großen Ämter (Schmiede, Schuster, Bäcker, Schneider) wurden als zwölftes Kollegium gewertet. Von Demokratie war dies weit entfernt. Jedes Kollegium besaß eine Stimme. Die erstgenannten acht Kollegien vertraten etwa 400 Bürger, die vier großen Ämter, die gemeinsam nur eine Stimme hatten, sprachen immerhin für 1600 Personen. Zusammen genommen waren das keine zehn Prozent der Bevölkerung. Letztlich behielt der Rat die Entscheidungsgewalt. Den Bürgern war aber durch die Mitsprache das Gefühl gegeben, nicht nur Objekt zu sein. Der Bürgerrezess von 1669 blieb Rechtsgrundlage bis 1848. Erst die Verfassungsreform von 1875 bestimmte: „Die Staatsgewalt steht dem Senat und der Bürgerschaft gemeinschaftlich zu."

Soziale Rangordnung

Aufschlussreich ist die Zusammensetzung der Stadtbevölkerung. Lübeck hatte in der zweiten Hälfte des 17. Jahrhunderts rund 25 000 Einwohner. Während des Dreißigjährigen Krieges, der ganze Landstriche entvölkert hatte, war Lübecks Bevölkerung durch Flüchtlinge auf 31 000 gestiegen. Hinterher normalisierten sich die Zahlen. Im sozialen Gefüge waren die Unterschiede groß. Besonders elitär war die Zirkelgesellschaft (Junkerkompanie). Da sie nur Personen aufnahm, deren Vorfahren bereits Mitglieder waren, sank die Zahl auf 15 bis 17 Herren. Die meisten von ihnen lebten auf den Landgütern. Sechs Familien war durch kaiserliches Privileg vom 9. Oktober 1641 das Adelsprädikat verliehen worden. Sie hießen fortan von Warendorp, von Wickede, von Brömbsen, von Lüneburg, von Kerckring, von Stiten. Ebenfalls adelig durften sich später die von Hövelns, von Plönnies, von Pleskows und von Brokes fühlen. 30 Mitglieder hatte 1660 die Kaufleutekompanie. Die kommerzierenden Zünfte brachten es auf etwa 400 Personen. Ebenso viele gehörten der Zunft der Krämer, Schiffer und Brauer an. Zu den 76 übrigen Handwerksämtern gehörten etwa 1600 Personen. Insgesamt zählte Lübeck im Jahr 1664, aus dem Aufzeichnungen vorliegen, etwa 2600 Vollbürger, mit ihren Familien waren das an die 10 000 Personen. Daneben gab es etwa 17 000 „Bewohner". Dazu zählten Seeleute, Träger, Gesellen, Dienstboten, Frauen, die in Stiften lebten, Insassen von Arbeits- und Armenhäusern.

Die Gesellschaft war darüber hinaus in sechs Gruppen gegliedert. Zur ersten gehörten die Bürgermeister, Syndici und andere Doktoren, Personen im Herren- und Fürstendienst, Ratsherren und Mitglieder der vornehmsten Geschlechter der Stadt, zum Beispiel die Geadelten. Die zweite Gruppe bildeten Gelehrte, junge Doktoren, Mitglieder der Kaufleutekompanie und Personen, die von ihrem Vermögen lebten. Gruppe drei bildeten Kaufleute der übrigen Kompanien, Gruppe vier „geringere Kaufleute", Krämer und Brauer. Nach Gruppe fünf stufte man Schiffer, Mitglieder der vier großen und anderer vornehmer Ämter ein, denen es zustand, sich um das Bürgerrecht zu bewerben. In Gruppe sechs war der Rest zusammengefasst: Angehörige der niederen Ämter, Höker, Seeleute „und dergleichen geringen Standes Personen".

Das Protokoll bei Empfängen oder Festen war genau festgelegt. An erster Stelle standen die vier Bürgermeister, dann folgten: 2. der Dompropst, 3. der Befehlshaber der Garnison, 4. der Superintendent, 5. die Syndici des Rates, 6. die Juristen unter den Ratsherren, 7. die übrigen Juristen der Stadt nach Erlangen des Doktorgrades, 8. Ärzte mit medizinischem Doktortitel, 9. die Pastoren der Hauptkirchen, 10. die übrigen Prediger, 11. Ratsherren ohne Doktorgrad, 12. der Major der Garnison, 13. der Pronotar und die Senatssekretäre, 14. die Rechtsgelehrten ohne letzten Abschluss, 15. der Rektor des Gymnasiums. Geradezu köstlich muten interne Regeln an. Juristen und Ärzte, die in jungen Jahren den Doktorgrad erreicht und also Anspruch auf vorderste Plätze hatten, warteten in der Regel Jahre oder Jahrzehnte, um nicht älteren Ratsmitgliedern ohne akademische Weihen, aber mit Geld, die Plätze streitig zu machen.

Lübeck und die „Andersgläubigen"

Während in Deutschland die religiösen Fragen durch den im Oktober 1648 geschlossenen Frieden von Münster und Osnabrück gelöst schienen, war das in Frankreich nicht so. Nachdem Ludwig XIV. das Toleranzedikt von Nantes, das den protestantischen Hugenotten 1598 Religionsfreiheit zugesichert hatte, im Oktober 1685 widerrief, erschienen noch im gleichen Jahr in Lübeck die ersten religiösen Flüchtlinge. Der Rat, der sich vor 1530 heftig gegen die Einführung der Reformation gesperrt hatte, war nun zum Hüter der lutherischen Orthodoxie geworden. Das Geistliche Ministerium als oberste Kirchenbehörde gestattete Katholiken nur in Privaträumen, die Messe zu hören. Ob es damals in Lübeck einen katholischen Priester gab, ist unklar.

Der Rat nahm die Hugenotten zwar auf, gesonderte Gottesdienste mochte man ihnen nicht zugestehen. Die Neuankömmlinge – etwa 40 bis 50 Personen – fanden geistliche Heimat bei holländischen Reformierten, denen die Stadt seit dem Zusammengehen mit den Niederlanden zur Abwehr dänischer Gefahren eigene Gottesdienste nicht verwehren konnte. Allerdings mussten die Reformierten sich außerhalb der Stadtmauern in Privathäusern versammeln. Erst 1736 erhielten sie das Recht, vor dem Holstentor eine Kirche zu errichten. 1826 wurde dann ein Bau in der Innenstadt genehmigt. Mit Johannes Geibel, dem Vater des Dichters Emanuel Geibel, hatten die Reformierten einen begabten, in der Stadt geachteten Prediger.

Auch die Katholiken mussten lange um ihre Rechte kämpfen. Um 1700 überstieg ihre Zahl kaum 100. Die katholische Herz-Jesu-Kirche im Zentrum Lübecks wurde erst 1890 geweiht.

Schutzjuden

Mit zuwandernden Juden, die nach Pogromen in Polen und Litauen Mitte des 17. Jahrhunderts kamen, tat die Obrigkeit sich schwer. In der Stadt wurde ihnen ein Bleiberecht verwehrt. Im Dorf Moisling (heute ein Stadtteil von Lübeck), dessen Grundherren sich der dänischen Krone unterstellt hatten, fanden sie Aufnahme. Nach Erlassen des dänischen Königs Christian V. von 1686 und 1697 genossen sie in seinen „Reichen und Fürstentümern Freiheit in Handel und Wandel". Lübecks Zünfte pflegten keinen rassisch begründeten Antisemitismus, sondern einen merkantilen. Sie fürchteten ganz einfach die Konkurrenz. 1681 erhielten einige Juden die Erlaubnis, in der Stadt zu wohnen. Sechs Jahre später wurde dieses Recht wieder eingeschränkt und auf zwei Juden begrenzt, Samuel Frank und Nathan Siemsen. 1699 wurde auch diese Regelung auf Druck der Handwerksämter widerrufen. 1701 wurde durch den Lübecker Rat das Schutzjudentum eingeführt, das bis 1848 galt: Einzelnen Juden war es nun gegen Zahlung eines Schutzgeldes gestattet, tagsüber in der Stadt Handel zu treiben und Waren zu kaufen, die die Gemeinschaft

Lübecks Synagoge von 1880 wurde im November 1938 geschändet. Hier lebte und wirkte die berühmte Rabbinerfamilie Carlebach.

benötigte. Abends mussten sie die Stadt verlassen. Erst in der Franzosenzeit (1806–1813) wurde der Grundsatz der Gleichheit auch auf die Juden übertragen.

Synagogen
In Moisling errichtete der Staat 1827 eine Synagoge, die die Juden mieten und selber einrichten mussten. Sie wurde bis 1872 genutzt und im folgenden Jahr abgerissen. 1851 wurde eine erste Synagoge in Lübeck gebaut, die 1880 von der Synagoge in der St. Annen-Straße abgelöst wurde. Noch im ersten Weltkrieg stiftete die jüdische Gemeinde freiwillig das Kupfer der großen Kuppel ihres Gotteshauses zugunsten der deutschen

Kriegswirtschaft. In der Pogromnacht vom 9./10. November 1938 wurde die Synagoge geschändet, jedoch wegen des unmittelbar angrenzenden St. Annen-Museums nicht angezündet. Von 1939 bis 1941 bauten die NS-Behörden das zwangsenteignete Gebäude zum „Ritterhof" um, nutzten es als Kinderheim, Turnhalle und Requisitenkammer des Theaters. Am 1. Juni 1945 erhielt die auf wenige Personen geschrumpfte Gemeinde das Gebäude zurück. Es wurde wieder in eine würdige Stätte des Gebetes verwandelt. Die nach 1989 aus der ehemaligen Sowjetunion nach Holstein gekommenen Juden haben hier ein geistliches Zentrum.
2005 konnte die Synagoge ihr 125-jähriges Bestehen feiern.

Lübeck im 18. Jahrhundert

Zweimal Krieg

An zwei europäischen Kriegen war Lübeck zu Beginn des 18. Jahrhunderts zumindest mittelbar beteiligt, am Spanischen Erbfolgekrieg (1701–1714) und am Nordischen Krieg (1700–1721). Der Erbfolgekrieg brach nach dem Tod des letzten spanischen Habsburgers, Karl II., aus. Er hatte Philipp von Anjou zum Erben bestimmt. Als Philipp V. bestieg dieser 1701 den Thron. Wilhelm III. von Oranien befürchtete dadurch ein spanisch-französisches Übergewicht und brachte eine Koalition zustande, der neben den Seemächten Holland und England auch Österreich, Preußen, Portugal und Savoyen beitraten. Von Lübeck verlangte die kaiserliche Seite Kriegszahlungen von jährlich 36 000 Reichstalern. Außerdem sollte die Stadt den Schiffs- und Handelsverkehrs mit Frankreich einstellen, was die Kaufleute noch mehr schmerzte.

Der Nordische Krieg wurde geführt, weil Schweden unter Karl XII. dabei war, zur dominierenden Macht im Ostseeraum aufzusteigen. Zar Peter der Große verbündete sich mit Dänemark und August dem Starken, König von Polen und Kurfürst von Sachsen. Lübeck versuchte, neutral zu bleiben. Der junge Schwedenkönig gewann die erste Schlacht im November 1700 gegen die Russen bei Narwa, drang nach Polen vor, wo er einen Adligen, Stanislaus Lescynski, zum König einsetzte (1704). Auch in Sachsen stieß er auf wenig Widerstand und konnte August dem Starken seine Friedensbedingungen aufzwingen (24. 9. 1706). Dann wandte Karl sich ostwärts und verlor die entscheidende Schlacht bei Poltawa (8. 7. 1709) gegen Zar Peter. Karl floh in die Türkei. August der Starke holte sich die polnische Krone zurück, Peter der Große verleibte seinem Reich die vorher schwedisch beherrschten Gebiete Livland, Estland und Finnland ein. Karl XII. versuchte 1718, das Kriegsglück noch einmal zu wenden, fiel vor der norwegischen Festung Frederikshall.

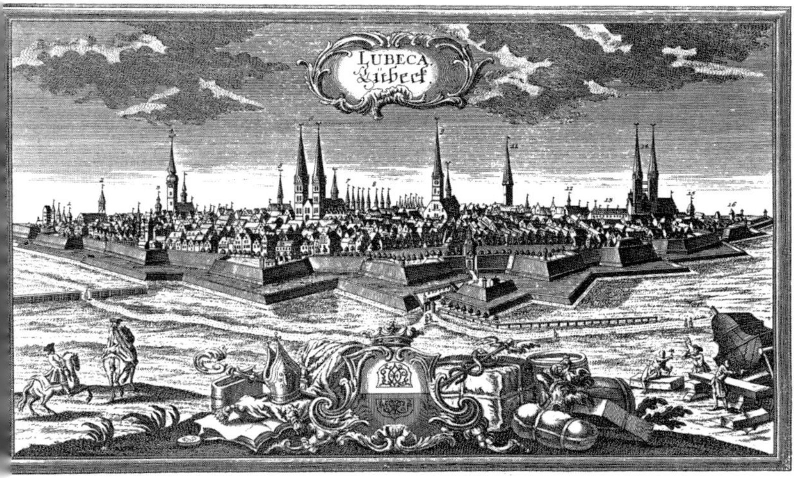

Ansicht der Stadt Lübeck. Kupferstich von Martin Engelbrecht, um 1750.

Was bedeutete das für Lübeck? Zum einen war der Handel durch beide Kriege unterbrochen. Der Warenaustausch sank auf den niedrigsten Stand seit Beginn der Hansezeit. Zum anderen gab es Kriegsschauplätze in unmittelbarer Nähe. Nach der Schlacht von Poltawa fielen die Dänen in Schweden ein, um sich Schonen zurückzuholen. Der schwedische General Steenbock besiegte sie und verfolgte danach dänische Truppen nach Pommern und Mecklenburg. Er schlug sie bei Gadebusch (1712), wenige Kilometer östlich von Lübeck. Die fliehenden Dänen versuchten, über Lübeck das dänische Holstein zu erreichen. General Steenbock achtete zwar Lübecks Neutralität, die Bewohner der Landgebiete aber hatten unter schwedischen Dragonern zu leiden.

Der russische General Menschikoff, ein Vertrauter des Zaren, besetzte Lübecks Hafen, verlangte hohe Summen als „Quartiergeld". Er drohte, das Umland zu verwüsten, falls die Stadt nicht zahle. Außerdem forderte er Schiffe, um seine

Mannschaften nach Russland zu bringen. Menschikoffs Offiziere bezogen die Sommerhäuser der Lübecker Kaufleute vor den Toren der Stadt. Noch vor den Friedensverhandlungen besuchte Zar Peter im November 1716 Lübeck. Die Schulden seines Generals beglich der Zar nicht, versprach jedoch, den Handel nach Kriegsende wieder zuzulassen. Lübeck war wieder einmal am Rande des Ruins. Die Zahlungen an General Menschikoff hatten nur aufgebracht werden können, weil Bürger der Stadtkasse die Beträge vorschossen.

Mit Russland gab es im 18. Jahrhundert nicht nur Warenaustausch. Als Katharina II. 1763 die Deutschen zur Besiedlung des Wolgalandes einlud und ihnen Land und Wohlstand versprach, wurde Lübeck Auswandererhafen. Bis zum Auslaufen ihrer Schiffe übernachteten rund 40 000 Auswanderer in großen Barackenlagern, die vor dem Burgtor aufgeschlagen waren.

Jahrzehnte des Friedens

Die Jahrzehnte zwischen dem Ende des Nordischen Krieges 1721 und dem Beginn der Franzosenzeit 1806 waren Friedenszeiten. Der Handel kam wieder in Schwung. Ganz wie früher war es freilich nicht, das macht eine Zahl deutlich. Um 1700 verfügte die Seemacht Holland über rund 600 000 Tonnen Handelsschiffsraum, die gesamte Hanse über 100 000 Tonnen, ebenso viel wie England. Frankreich blieb mit 80 000 Tonnen dahinter zurück. Die Holländer hatten Besitzungen bis nach Südostasien, befuhren die Weltmeere, während die Hanse sich auf Ost- und Nordsee beschränkte, den Atlantik nur bis Gibraltar kannte. Natürlich ist es beeindruckend zu lesen, mit wie vielen Häfen man Handel trieb. Im Jahr 1752 wurden 729 Schiffsankünfte registriert. Sie kamen, gegliedert nach Häufigkeit, aus folgenden Städten: Kopenhagen, St. Petersburg, Riga, Danzig, Stettin, Newcastle, Liverpool, Amsterdam, Nantes, Bordeaux, Cette (Sète), Livorno, Neapel, Lissabon. Aus französischen Häfen wurde vor allem Wein eingeführt, insbesondere Rotwein aus dem Bordelais. Der Bordeaux wurde in

Holzfässern in Lübeck bis zur Flaschenreife gelagert. Da sich die Stadt kaum über Meeresniveau erhebt, ist es in den Kellern feucht. Angeblich bekam das dem Reifungsprozess besonders gut. Der auf Flaschen gefüllte „Lübecker Rotspon“ (Spon = niederdeutsch für Span, Holzspan) verkaufte sich in Skandinavien und Russland gut und wird bis heute in Lübeck getrunken.

Die Jahre nach den Kriegen dienten auch dem Ausbau des innerstädtischen Lebens. 1751 erschienen die „Lübeckischen Anzeigen“ zum ersten Mal. Es war eine Zeitung des Typs der „Intelligenzblätter“, die in unterhaltender Form das Gedankengut der Aufklärung verbreiteten. Aus einem Kommentar der „Lübeckischen Anzeigen“ vom 26. August 1752 geht hervor, dass die Verbreitung von „Weltnachrichten“ durchaus neu war. Im Blatt stand etwas aus dem 160 km entfernten Flensburg, heute Grenzstadt zu Dänemark, damals Teil des Herzogtums Schleswig und damit Ausland. Der Herausgeber fragt: „Eine Nachricht aus Flensburg in den Lübeckischen Anzeigen? Was geht die Lübecker Flensburg an?“ Der Verfasser gibt selbst die Antwort: Es sei ein Stück guter Erziehung, aus der eigenen Stadt „nicht alles zu machen“: „Außer uns gibt es andere Leute, die zu schätzen sind, außer Lübeck unzählige Orte, die guten Teils ungleich mehr als unsere Stadt zu bedeuten haben.“ Alle diese Orte zu übersehen, wäre „Sache eines sehr kurzsichtigen Geistes“.

Musik und Theater

Die ersten weltlichen Konzerte wurden um 1740 von Marienorganist Johann Paul Kuntzen (1696–1757) organisiert. Zuvor hatte es nur Kirchenmusik gegeben, die allerdings erstklassig war. Franz Tunder, Organist an der Ratskirche St. Marien von 1640 bis 1667, erfand die „Lübecker Abendmusiken“. Sein Nachfolger Dietrich Buxtehude, Marienorganist bis 1707, hat sie ausgebaut. Ihm standen die Sänger des Katharineums und die Stadtmusikanten zur Verfügung. Sein Ruhm erscholl in deutsche Lande. 1703 kam Georg Friedrich Händel zu Besuch,

Das Buddenbrookhaus, einst im Besitz der Familie Mann, beherbergt eins der meistbesuchten Literaturmuseen Deutschlands. Hier wird die Erinnerung an die Dichterbrüder Heinrich und Thomas Mann wach gehalten.

zwei Jahre später Johann Sebastian Bach. Händel, achtzehn Lenze zählend, fuhr mit der Kutsche vor. Bach, der Zwanzigjährige, kam zu Fuß aus Arnstadt in Thüringen. Händel blieb einige Tage, Bach vier Monate.

Dietrich Buxtehude

Der bekannteste Lübecker Kirchenmusiker ist Dietrich (Dieterich) Buxtehude. Wo und wann er geboren wurde, ist strittig. Die einzige Quelle ist ein Nachruf von 1707. Darin wird Dänemark als seine Heimat bezeichnet. Das träfe auf Oldesloe in Holstein ebenso zu wie auf Helsingör (heute Schweden), wo sein Vater Johann Organist war. 1637 wird als Geburtsjahr angenommen. Sicher war der Vater der erste Lehrer. Weitere Schritte seiner Ausbildung sind unbekannt. 1657 wurde Buxtehude Organist an der Marienkirche von Helsingborg. Von hier aus bewarb er sich 1667 auf die vakante Stelle des Lübecker Marienorganisten. Er wurde Nachfolger und Schwiegersohn Franz Tunders (1614–1667), war nicht nur Musiker, sondern gleichzeitig Werkmeister, das heißt Rechnungsführer von St. Marien. Buxtehude baute die „Abendmusiken“ seines Vorgängers aus; vermutlich Deutschlands älteste Konzertreihe. Er führte Instrumentalwerke auf, aber auch Oratorien und andere Vokalmusik. Buxtehude starb am 9. Mai 1707 in Lübeck. Beerdigt ist er in der Marienkirche. Obwohl viele Werke verschollen sind, gehören die Orgelkompositionen zum Standardrepertoire jedes Organisten. Am 8. Mai 2004 wurde in Lübeck die „Internationale Dieterich-Buxtehude-Gesellschaft“ gegründet.

Die Kaufleute im Rat hatten die Bedingung erdacht, der neue Marienorganist müsse eine unverheiratete Tochter des Vorgängers ehelichen. Auf diese Weise entfielen Versorgungsansprüche. Eine „Jungfer Buxtehude“ war vorhanden, zehn Jahre älter als Bach und Händel. Zehn Jahre Altersunterschied wogen vor 300 Jahren viel. Weder Bach noch Händel blieben. Johann Christian Schieferdecker, der nach Buxtehudes Tod 1707 die Stelle bekam und ein Vierteljahrhundert bekleidete, war auch der Schwiegersohn von „Vater Buxtehude“.

1752 wurde in der Beckergrube von einem kunstbegeisterten Zimmermann, Heinrich Schröder, das erste Theater gebaut. Zwei Jahre war Schröder quasi Theaterdirektor, bevor die Brüder Ebbe das Haus und die Leitung übernahmen. Bis zur Jahrhundertwende traten nur Gastbühnen auf. 1799 leistete sich Lübeck ein eigenes Ensemble. 1837 ersetzte man das zu klein gewordene Haus durch einen repräsentativen Bau an gleicher Stelle, das „Theater der Casino-Gesellschaft“.

Die Gemeinnützige

Das soziale und geistige Leben wurde wesentlich geprägt durch eine bis heute segensreich wirkende Gesellschaft, eine Bürgerinitiative aus dem Geist der Aufklärung. Es begann 1789 mit der Gründung einer Literarischen Gesellschaft, deren Mitglieder zu Vorträgen zusammenkamen. Daraus entstand die „Gesellschaft zur Beförderung gemeinnütziger Tätigkeit“.

Als Gründer gilt Archidiakon Ludwig Suhl, Jurist, Theologe, Pädagoge, Subrektor des Katharineums und damit zuständig für die Stadtbibliothek.

Viele Einrichtungen zum Wohle der Bürger gingen von der Gemeinnützigen aus, wie sie kurz genannt wird. So zum Beispiel eine „Rettungsanstalt für im Wasser Verunglückte" (1791), eine „Sonntagsschule für Kinder aus armen Verhältnissen" (1795), die „Freie Zeichenschule" (1795), die „Industrieschule für Mädchen" (1797), die Schwimmschule (1798), die Creditkasse für Gewerbetreibende (1800), eine „wohlfeile Speiseanstalt" (1800), ein Lehrerseminar (1807), die Navigationsschule (1808), die Sparkasse (1817) und der Verein für Geistesschwache, aus dem Holsteins größte Einrichtung für Behinderte wurde. Auch das erste Museum 1903 war eine Idee der Gemeinnützigen.

Die Gemeinnützige unterhält Alten- und Studentenheime, organisiert Familienhilfe, betreibt die Mütterschule und eine Jugendmusikschule. Rund 2000 Mitglieder erhalten alle zwei Wochen die ‚Lübeckischen Blätter", die älteste Kulturzeitschrift der Region. Neben Hunderten von Ehrenamtlichen werden 400 Menschen beschäftigt, größtenteils in Zeitarbeit. Geblieben ist seit mehr als 200 Jahren der „Große Dienstagsvortrag". Wenn lübeckbezogene Themen auf dem Programm stehen, ist der Saal im Gesellschaftshaus überfüllt.

Auch in Bürgerhäusern kehrte im 18. Jahrhundert Gelehrtengeist ein. 1792 heiratete Dorothea Schlözer (1770–1825), Deutschlands erster weiblicher Doktor der Philosophie, den Lübecker Großkaufmann und späteren Bürgermeister Matthäus Rodde. Ihr Haus wurde geistiger Mittelpunkt der Stadt. Ebenso zogen in die erste Lateinschule, das Katharineum, Gedanken der Aufklärung ein. Die Gelehrtenschule wurde um eine Real- und eine Bürgerschule erweitert. Auf dem Lehrplan erschienen moderne Sprachen sowie „Realien": Geschichte, Naturkunde, Geographie.

Im Stadtbild hinterließ der Klassizismus einige auffallende Beispiele, etwa in der Königstraße die Fassade der 1826 fertiggestellten Reformierten Kirche. Im Haus Nr. 11 wohnten mehrere Bürgermeister, von den Brömses bis zu den Behns.

Der Königlich-Dänische Hofdekorateur Joseph Christian Lillie baute es 1804 im klassizistischen Stil um. Hier war 1519 Gustav Wasa versteckt worden, hier wohnte Zar Peter der Große 1716. 1920 sollte das Haus Nr. 11 an eine Bank verkauft werden, aber Museumsdirektor Carl Georg Heise verhinderte dies durch eine Sammlung unter Bürgern. Seit 1923 ist das Haus Museum, inzwischen mit dem Nachbargebäude, dem Drägerhaus, vereint.

Als schönster Sommersitz vor den Toren gilt das Rokoko-Schlösschen Bellevue von 1754 in der Einsiedelstraße mit kunstvollen schmiedeeisernen Gittern und Flügelhäusern rechts und links des Portals. Nach dem Erbauer, dem Kaufmann Hieronymus Küsel (1722–1784), wird das Gebäude auch Küselsches Palais genannt, ein architektonisches Schmuckstück, dessen Park allerdings einem Industriebetrieb weichen musste.

Krieg in der Stadt: Tage des Schreckens

Die Franzosenzeit (1806–1813)

Die Geschehnisse in Frankreich nach dem Sturm auf die Bastille beunruhigten viele Menschen. Zunächst aber profitierte Lübeck vom Konflikt zwischen Franzosen und Engländern. Napoleons Truppen hatten Hannover besetzt, das in Personalunion mit England verbunden war. Damit waren die Häfen an Weser und Elbe für englische Schiffe gesperrt. Sie liefen stattdessen Lübeck an, und zwar in so großer Zahl, dass die Anleger nicht ausreichten. Der Boom dauerte nicht lange, dann brachen über Lübeck die Schrecken der Franzosenzeit herein. Es begann damit, dass am 6. August 1806 Kaiser Franz II. in Wien die deutsche Krone niederlegte und die deutschen Stände von ihren Pflichten gegenüber dem Reich entband. Nach dem Reichsdeputationshauptschluss von 1803 waren nur noch sechs Städte reichsunmittelbar geblieben: Frankfurt, Augsburg, Nürnberg, Bremen Hamburg und Lübeck. Was waren sie nach dem Ende des Heiligen Römischen Reiches Deutscher Nation? Äußerlich war ihnen Macht zugewachsen; sie hatten niemanden mehr über sich. Aber ohne Heeresmacht stand die Freiheit auf tönernen Füßen. Aus „reichsfreien Bürgern" waren „vogelfreie Republikaner" geworden, wurde formuliert.

Augsburg und Nürnberg wurden von Bayern geschluckt, Frankfurt dem Rheinbund zugeschlagen. Die verbliebenen norddeutschen Hafenstädte überlegten auf einer Hanseatischen Konferenz in Lübeck, wie sie taktieren sollten. Sie strebten Neutralität und Handelsfreiheit an, was angesichts der napoleonischen Feldzüge dem Leben auf der Insel der Glückseligen gleich gekommen wäre. Am 15. Oktober 1806 schlossen die Unterhändler der Städte die Beratungen ab. Sie wussten nicht, dass wenige Stunden zuvor Preußen die Schlacht bei Jena und Auerstedt verloren hatte. Dadurch war der Krieg in der Nachbarschaft.

Die Franzosen besetzten am 24. Oktober Potsdam, einen Tag später Berlin. General Blücher setzte sich mit 10 000 Soldaten nach Nordwesten ab. In Mecklenburg vereinigte er sich mit der etwa gleichstarken Heeresabteilung des Herzogs Karl August von Weimar. Blücher versuchte, mit nunmehr 20 000 Mann die Franzosen solange aufzuhalten, bis Verstärkung aus Ostpreußen, vor allem russische Kontingente zu Hilfe kommen konnten. Das ließ sich mit den vor Hunger entkräfteten Soldaten nicht lange durchhalten. Blücher wurde von drei französischen Marschällen verfolgt: 26 000 Mann unter dem Kommando von Marschall Soult, 18 000 unter dem Befehl von Graf Bernadotte, 9000 unter Murat, einem Schwager Napoleons. 53 000 Mann – Scharnhorst sprach sogar von 60 000 – standen 20 000 Preußen gegenüber. Eine offene Schlacht war sinnlos. Blücher marschierte deshalb nach Lübeck, bat im Rathaus, seinen Leuten ein paar Tage in Ruhe zu gewähren, sie mit Proviant und Schuhwerk zu versorgen. Die Bürgermeister betonten ihre Neutralität, fügten aber hinzu, dass sie sich mit 500 Mann Stadtmiliz einem Heer nicht widersetzen könnten. Sie würden sich bemühen, die geforderten Dinge zu beschaffen. Südlich der Stadt, im Lauenburgischen, lagen schwedische Verbände, Verbündete der Engländer. Auch sie setzten sich nach Lübeck ab, um mit Schiffen das schwedische Stralsund zu erreichen.

Kampf um Lübeck

Rührend hilflos waren einige Reaktionen des Rates. Man ließ an der Stadtgrenze Schilder aufstellen, auf denen den Franzosen mitgeteilt wurde: „Territoire neutre de la ville hanséatique de Lubec“. Also: Betreten verboten, die Stadt ist neutral. Weder Schweden noch Franzosen störten sich daran. Die Schweden beschlagnahmten Schiffe. Der Rat richtete einen Protest an den schwedischen König. Am 5. November 1806 nachmittags setzte Blücher die Stadt in Verteidigungsbereitschaft, er entschloss sich, vor allem die Stadttore zu sichern. Die Franzosen erreichten Lübeck in der gleichen Nacht und begannen am Morgen des 6. November mit dem Angriff. Soult bestürmte das Mühlentor, Murat das Hüxtertor. Als besonders sicher galt das Burgtor, das durch die aufgestauten Wasser der Wakenitz zusätzlich geschützt war. Das Kommando der Verteidiger lag hier in den Händen des unerfahrenen Herzogs von Braunschweig-Oels, der sich nicht an die Befehle Blüchers hielt, sondern die Soldaten weit zurückzog, um in Deckung zu sein.

Die Franzosen unter Bernadotte erkannten offenbar die Schwachstelle. Als der Herzog mittags bei Blücher anfragen ließ, ob er weiter kämpfen oder sich in die Stadt zurückziehen solle, ließ der General gereizt mitteilen, er könne dies aus seinem Hauptquartier nicht beurteilen. Falls er sich zurückziehe, solle er sicherstellen, dass nicht mit seinen Soldaten die Franzosen in die Stadt kämen. Genau das geschah. So wurde das sichere Burgtor zur Einfallsstelle der Franzosen. Dies sei ein die Schlacht entscheidender Fehler gewesen, entschied später eine vom preußischen Staat eingesetzte Kommission. Scharnhorst geriet in Gefangenschaft, wurde aber gegen hohe französische Offiziere ausgetauscht. Seiner Tochter schrieb er: „Ich litt und leide noch doppelt, was andere einfach leiden. Unsere Offiziere wissen nicht zu kommandieren. Nur wenige sind an ihrer Stelle brauchbar. Ihnen allen fehlt die Routine." Lübeck wurde von den Franzosen zur Plünderung freigegeben. Drei Tage mit unbeschreiblichem Grauen für die Bevölkerung folgten. Es waren Tage von denen der kriegserfahrene, hartgesottene Scharnhorst schrieb: „Es waren Schreckensszenen, die selbst dem größten Teil der erfahrenen Krieger zum Glück für die Menschheit unbekannt blieben."

Straßenschlachten

In der Stadt entwickelten sich, nachdem das Burgtor genommen war, heftige Straßenkämpfe. Die übrigen Tore wurden von innen geöffnet. Die Preußen konnten Lübeck nicht halten. Blücher und mit ihm Tausenden gelang die Flucht durch das Holstentor. Er zog nach Ratekau, wo er am 7. November 1806 die Kapitulation unterzeichnete. Neben seine Unterschrift setzte er die Bemerkung: „Ich kapituliere, weil ich kein Brot und keine Munition nicht mehr habe." 5000 Preußen gerieten am 6. No-

Franzosen und Preußen lieferten sich am 6. November 1806 heftige Straßenkämpfe in der Stadt. Der preußische General Blücher musste kapitulieren. Radierung, anonym, um 1806.

vember in Lübeck in Gefangenschaft, fast 6000 legten mit Blücher die Waffen nieder. Die Zahl der Toten wurde nie festgestellt. Der Kampf um Lübeck hatte nur wenige Stunden gedauert.

Auch nach Bernadottes Abzug blieben 3000 Franzosen als Besatzung zurück. Sie mussten einquartiert und verpflegt werden. Hunderte von Verwundeten waren in Privathäusern untergebracht. Die Schwerstverwundeten behandelte man in öffentlichen Gebäuden, weit über tausend. Aus einer Liste geht hervor, dass im Bischofshof 272 Kranke lagen, rund 800 in den Klöstern, Kirchen und im Waisenhaus. Die einquartierten Franzosen schikanierten in vielen Fällen ihre Wirtsleute. Bernadotte forderte als Geschenk der Stadt einen Wagen mit sechs Pferden und 100 000 Francs. Der Kommandant von Travemünde klagte über dort Einquartierte: „Sie hausen mit ihren Wirten, nicht wie bei Neutralen, sondern als wenn wir Feinde wären. Sie fordern Wein, Branntwein, Braten, Kaffee und wenn solches nicht beschafft werden kann, ziehen sie die Säbel, stechen, stoßen die Weiber und behandeln jeden wie den ärgsten Feind."

Um die Not zu lindern, wurden am 12. November Gesandte zu Napoleon nach Berlin geschickt. Sie richteten wenig aus. Napoleon empfing sie freundlich, bedauerte, „dass durch meine Soldaten eine gute, brave Stadt unschuldigerweise gelitten hat." Der Kaiser fügte hinzu: „Wir leiden jetzt alle. Ich leide auch." Auch der Handel wurde nicht freigegeben. Napoleon verhängte im Gegenteil am 21. November die Kontinentalsperre, die den Verkehr mit englischen Häfen völlig untersagte. Englische Waren wurden beschlagnahmt. Die Kaufleute durften sie zurückkaufen; Waren im Wert von zwei Millionen Francs. Nur wenige dänische Schiffe liefen während der Franzosenzeit Lübeck an.

Bernadotte wurde Generalgouverneur der drei Hansestädte, die er mit weiteren Territorien in Norddeutschland von Hamburg aus verwaltete. Lübeck wurde ganz offiziell Teil des französischen Kaiserreiches. Der Name der Stadt findet sich am Arc de Triomphe in Paris. Statt des bewährten Lübischen Rechtes galt nun der Code Napoléon. Aber auch Positives geschah: Die Torsperre wurde aufgehoben, der Zugang zur Stadt erleichtert, ebenso der Warenverkauf auf dem Markt. Die Moislinger Juden erhielten Aufenthaltsrecht in der Stadt.

Anfang 1811 wurde der Rat aufgelöst, ein neues Gremium von 21 Personen eingeführt. Bürgermeister Johann Mattheus Tesdorpf wurde zum Maire berufen, Syndicus Anton Diedrich Gütschow zum Stellvertreter. Die gesamte deutsche Nordseeküste gehörte zu Frankreich, eingeteilt in drei Départements. Zum Département Bouche de l'Elbe gehörten vier Arrondissements, Stade, Lüneburg, Hamburg, Lübeck. Das Lübecker Arrondissement war unterteilt in die Kantone Lübeck, Linau, Ratzeburg, Mölln, Schwarzenbek und Lauenburg. Lübeck erhielt vom Kaiser eine weitere Ehrung. Die Stadt wurde in die Liste der 51 „Bonnes Villes de l'Empire français" aufgenommen. Da diese Liste alphabetisch geführt wurde, rangiert Lübeck zwischen Livorno und Lüttich.

Manches im Alltagsleben gestaltete sich neu. Zeitungen erschienen zweisprachig. Beamte legten ihren Treueid auf den Kaiser ab. Jedermann konnte einen Gewerbeschein beantragen und Handel treiben. Die Ämter (Zünfte) waren überflüssig geworden. In den Kirchen durfte nicht mehr bestattet werden. Die Häuser wurden durchnummeriert. Lübecks Militär wurde aufgelöst. An seine Stelle trat ein französisches Regiment, für das in der Stadt Soldaten ausgehoben wurden.

Ein Hoch auf den Zaren

Napoleons Stern begann bekanntlich mit dem Marsch auf Moskau zu sinken. Zur großen Armee des Korsen gehörten auch Lübecker. Kein einziger von ihnen kehrte zurück. Weihnachten 1812 erreichte Lübeck die Nachricht vom Ende der „Großen Armee". Am 17. März 1813 erließ Preußens König Friedrich Wilhelm III. seinen Aufruf „An mein Volk". Auch in Lübeck kam es zu Aufständen. Französische Beamte und Soldaten verließen die Stadt. Maire Tesdorf löste den französischen Rat auf, berief den alten wieder ein und nannte sich wieder Bürgermeister. Vor einer Menschenmenge auf dem Markt brachte Johannes Geibel, Pastor der Reformierten Gemeinde, ein Hoch auf „unseren Retter" Zar Alexander aus. Am 21. März zog der russische Oberstleutnant von Benkendorf mit 250 Kosaken in Lübeck ein. Der Krieg war jedoch noch nicht vorbei.

Im Juni 1813 besetzten die Dänen, die mit den Franzosen verbündet waren, die Stadt. Sie hofften wohl, bei Friedensverhandlungen das Faustpfand Lübeck behalten zu dürfen. Der dänische Einmarsch war Grund für die Franzosen zurückzukehren. Eine Garnison von 5000 Mann quartierte sich ein. Wieder litten die Bürger.

Schlachter Jürgen Prahl

Anfang Juli 1813 ereignete sich ein Zwischenfall, der die Gemüter erregte. Bei einer militärischen Übung soll der Schlachtermeister Jürgen Prahl einen französischen Offizier beleidigt haben. Prahl wurde von einem Kriegsgericht zum Tode verurteilt. Seine Frau mit vier Kindern flehte den Kommandanten um Gnade an. Das Urteil wurde dennoch vollstreckt. Der Frau erlaubte man, die Leiche auf einem Kirchhof zu begraben. 1814 wurde Prahl ein Denkmal gesetzt, das in den Wallanlagen zu sehen ist.

Politische Neuordnung und Veränderung des Stadtbilds

Mitglied im Deutschen Bund

Nach Napoleons letzter Schlacht bei Waterloo (18.6.1815) gingen die Mächte daran, Europa neu zu ordnen. Den drei verbliebenen Hansestädten ging es um die Selbstständigkeit. Das war, wie die Beispiele Frankfurt, Augsburg und Nürnberg gezeigt hatten, nicht selbstverständlich. Der Wiener Kongress, der erstmals im Oktober 1814 zusammentrat und durch die Rückkehr Napoleons von der Insel Elba (1.3.1815) unterbrochen wurde, ließ Vertreter der drei Städte zu. Lübeck, vertreten durch den Juristen Johann Friedrich Hach, ging es vor allem darum, nicht Dänemark zugeschlagen zu werden. Den Dänen hatte der Kongress nämlich Norwegen genommen und Entschädigung zugesagt. Sie erhielten Lauenburg, womit Lübeck in drei Himmelsrichtungen von dänischem Gebiet umgeben war.

Am 6. Juni 1815 wurde in Wien die Deutsche Bundesakte unterzeichnet. Der Deutsche Bund besaß 39 souveräne Mitglieder, 35 Staaten, die drei norddeutschen Hansestädte und Franfurt. Damit umfasste das neue Gebilde Monarchien ebenso wie republikanische Städte. Im Bundestag in Frankfurt traten die Unterschiede deutlich zu Tage. Ein einiges Deutsches Reich, wie es manche erhofft hatten, lag in weiter Ferne.

Zum Lübecker Staatsgebiet gehörten außer der Stadt neun Exklaven. Sie lagen nun in drei Mitgliedsstaaten des Deutschen Bundes, in Mecklenburg-Strelitz, im Fürstentum Lübeck der Herzöge von Oldenburg und im jetzt dänischen Herzogtum Lauenburg. Bei einer Volkszählung im November 1815 wohnten im Staatsgebiet 36464 Menschen, davon 24143 in der Stadt. Die Zahlen waren nötig, um den Anteil der Staaten an den Kosten und der Militärleistung des Bundes festzustellen. Der Bevölkerungsanteil Lübecks im Deutschen Bund betrug 0,135 Prozent. Die Stadt war damit der kleinste Bundesstaat.

30 Jahre später hatte der Bund 31,5 Millionen Einwohner, Lübeck 41 400. Das hatte Auswirkungen bei der Gerichtsbarkeit. Territorien unter 300 000 Einwohnern durften kein oberstes Gericht unterhalten. Bei den Hansestädten war der Rat oberste Instanz gewesen. Die vier freien Städte wurden aufgefordert, ein gemeinsames Gericht zu bilden. 1845 zählten sie zusammen 369 000 Einwohner. Hamburg verlangte den Sitz des Gerichts. Die anderen drohten, mit Nachbarregionen zusammenzugehen. Schließlich einigte man sich. Das „Oberappellationsgericht der vier freien Städte" kam nach Lübeck.

Die alte Tradition des lübischen Rechtes mag zur Entscheidung beigetragen haben. Außerdem waren die Lebenshaltungskosten im kleinsten Staat geringer als anderswo, und die Kosten des Gerichts mussten alle tragen. Das Gericht wurde gemeinschaftlich besetzt. Hamburg und Frankfurt stellten je zwei, Bremen und Lübeck je einen Juristen. Der Präsident vervollständigte die Zahl der Richter auf sieben. Mehrmals ist dieses Gericht auch zum Schiedsrichter bei Streitigkeiten zwischen anderen Mitgliedern des Bundes angerufen worden.

Schuldenabbau

Um das Dauerthema Staatsfinanzen in den Griff zu bekommen, wurde ein neues Gremium geschaffen, das Finanzdepartement. Eingerichtet wurde ferner die zentrale Kasse, eine alte Forderung der Bürger. Das Finanzdepartement hatte Jahresetats vorzulegen. Sparsamkeit war oberstes Gesetz, so dass die Stadt sich langsam vom Schuldenberg herunterarbeitete. Dies geschah auch mit ungewöhnlichen Mitteln, zum Beispiel dadurch, dass auf bestimmte Anleihen keine Zinsen gezahlt wurden. Grundlage der alten Finanzverfassung war eine Abgabe, der „Schoß". Vollbürger zahlten ihn „auf Bürgereid", d. h. jeder setzte die Höhe auf Treu und Glauben selber fest. Jetzt wurde die Bevölkerung in Vermögensklassen eingeteilt und progressiv besteuert, von null bis 5,5 Prozent. Daneben gab es weitere Abgaben, zum Beispiel eine Erbschaftssteuer. Die Wirtschaft blühte wieder auf, freilich unter geänderten Bedingungen. Gegen Ende der Franzosenzeit gab es keinen nennenswerten Umschlag im Hafen. Nach wie vor aber war Lübeck Handelsstadt. Anders als in Hamburg siedelten sich zunächst kaum Fabriken oder Manufakturen an. Ein Gewerbe jedoch hatte überregionale Bedeutung, der Schiffbau. Hier wurde überwiegend für auswärtige, insbesondere für Hamburger Auftraggeber gearbeitet. In Lübeck selbst fehlte das Kapital für Schiffsneubauten.

„Satansding" Dampfschiff

In der ersten Hälfte des 19. Jahrhunderts kam das Dampfschiff auf. Im Juli 1824 wurde die erste, von vielen als „Satansding" bezeichnete Neuheit in der Stadt erwartet. Doch die „Kingston", mit einer 60-PS-Maschine ausgestattet, kollidierte auf der Trave mit einem Segler, hatte zudem Grundberührung. Das zuständige Ratsmitglied, Friedrich Wilhelm Grabau, unternahm daraufhin eine Probefahrt von Travemünde nach Lübeck, die ohne Zwischenfälle verlief. Daraufhin wurde die Genehmigung zum Anlaufen von Dampfschiffen erteilt. Allerdings empörten sich nun die Fischer. Die von der Maschine verursachte Unruhe würde in der Tiefe des Wassers die Fischbrut töten, das kräftige Schlagen der Schaufelräder auf das Wasser das Wachstum der Fische beeinträchtigen, wurde argumentiert. Der Fortschritt war dennoch nicht aufzuhalten.

Mit Dampfschiffen konnte ein Liniendienst aufgebaut werden. Das führte zum Anstieg der Passagierzahlen. Travemünde erhielt Kurgäste, die mit den Schiffen kamen. Seit 1802 führte Travemünde den Titel Seebad, nach Heiligendamm (1794) und Norderney (1797) das dritte deutsche Bad am Meer. Berühmte Persönlichkeiten stiegen hier ab: Gogol, Turgenjew, Dostojewski, Eichendorff, Geibel, Matthias Claudius, Wilhelm Raabe und Richard Wagner, der beim Warten im Sturm die Idee zum „Fliegenden Holländer" bekommen haben

Der alte Leuchtturm von Travemünde hat ausgedient. Ein modernes Leuchtfeuer auf dem Hotel Maritim zeigt den Schiffen den Weg zum Skandinavienkai und zu den Lübecker Stadthäfen.

soll. Der erste Liniendienst wurde nach Kopenhagen eingerichtet, dann nach St. Petersburg, was die vielen russischen Gäste erklärt. Es folgten Malmö, Stockholm, Stralsund, Rostock. 1840 wurde das erste in Lübeck gebaute Dampfschiff, die „Gauthiod“, abgeliefert und auf der Strecke Stockholm–Ystad–Karlshamn–Kalmar eingesetzt.

So positiv die Entwicklung zur See war, auf dem Lande hatte Lübeck Probleme. Die wichtigste Straße für den Handel war die nach Hamburg, aber sie führte über dänisches Gebiet. Der Bau einer festen Straße wurde immer wieder behindert. Erst auf Intervention ausländischer Mächte, Frankreichs und Russlands, konnte die Straße 1838 fertiggestellt werden. Nun verhängte Kopenhagen jedoch einen Transitzoll. Hamburg und Lübeck protestierten. Sogar der Bundestag in Frankfurt beschäftigte sich damit. Die Hansestädte mussten 1840 der Zahlung des Transitzolls zustimmen.

Dänemark lehnte auch alle seit Anfang der 30er-Jahre vorgelegten Pläne zum Bau einer Eisenbahn auf dieser Strecke ab. Nach jahrelangen Verhandlungen und wiederum erst auf Druck des Auslands (Preußen, Österreich, Russland) erlaubte Kopenhagen 1847 wenigstens den Bau einer Teilstrecke nach Büchen. Hier konnten die Lübecker Waggons an die der Strecke Hamburg–Berlin angekoppelt werden. Der Betrieb wurde am 15. Oktober 1851 aufgenommen. Erst 1865 war die direkte Verbindung geschaffen. Ab 1870 gab es ferner eine Bahnverbindung ins mecklenburgische Kleinen.

Die deutsche Einheit

In vielen Teilen Deutschlands wurde im 19. Jahrhundert der Ruf nach staatlicher Einheit laut. Insbesondere Intellektuelle riefen dazu auf, die Kleinstaaterei zu überwinden. Hoffmann von Fallerslebens Hymne „Deutschland, Deutschland über alles“ ist so zu verstehen. „Jung Lübeck“ nannte sich der Kreis, der hier für die Reichseinheit eintrat. Er verstand sich zudem als „Korrespondentenverein“, der für ein positives Lübeckbild in Deutschland sorgen wollte. Sprachrohr waren die „Lübeckischen Blätter“.

Zwei bedeutende Treffen in Lübeck wurden in Deutschland stark beachtet. Das erste war das „Allgemeine Deutsche Sängerfest“ im Juni 1847. Vor dem Burgtor war eine Festhalle errichtet worden. Tausend Sänger fanden auf der Tribüne Platz. Hoffmann von Fallersleben, einer der Teilnehmer, notierte, es sei „das schönste und größte Fest dieser Art“ gewesen, das er je erlebt habe und das allen Teilnehmern „als ein wirklich deutsches gelungenes Fest unvergesslich bleiben“ werde. Drei Monate später, vom 27. bis 30. September, fand eine weitere gesamtdeutsche Veranstaltung statt, die Zweite Germanistenversammlung. Nicht nur Fachleute für die deutsche Sprache besuchten den Kongress, sondern auch Juristen und Historiker. Eine erste derartige Versammlung, auf der politische Gegenwartsfragen diskutiert wurden, hatte es 1846 in Frankfurt gegeben. Dort hatte man Lübeck, „den Hort alten deutschen Rechtsguts“ als nächsten Tagungsort vorgeschlagen. Jacob Grimm leitete die Sitzungen. 171 Teilnehmer waren trotz mühsamer Anreise gekommen; die Eisenbahnverbindung fehlte ja noch. Politische und patriotische Themen sorgten für breite öffentliche Wirkung. Das Abschlussbankett fand im Ratskeller statt, woran bis heute der Germanistenkeller erinnert. Der Historiker Heinrich von Treitschke hat das Treffen in seiner „Deutschen Geschichte des 19. Jahrhunderts“ als „geistigen Landtag des deutschen Volkes“ bezeichnet.

Verfassung von 1848

Ausgelöst durch die Revolution vom Februar 1848 in Paris flammten auch in Deutschland Aufstände auf, so im März in Berlin. Lübeck erreichten Meldungen von außerhalb erst mit Verspätung. Telegraphenverbindung hatte die Stadt noch nicht. Das schnellste Medium waren Hamburger Zeitungen, die, vormittags gedruckt, nachmittags in Lübeck eintrafen. Wenn die Postkutsche kam, warteten im Posthaus Neugierige. Oft soll ein Abonnent auf den Kutschbock gestiegen sein und Neuigkeiten verlesen haben.

Aufgrund des politischen Klimas arbeitete eine Kommission eine neue Verfassung für die „Freie und Hansestadt Lübeck“ aus, die am 8. April 1848 in Kraft trat. Hauptbestimmungen: Der Rat wird in Senat umbenannt. Er besteht aus 20 Mitgliedern, auf Lebenszeit von Wahlkammern bestimmt. Senat und Bürger haben in den Kammern die gleiche Stimmenzahl. Den Vorsitz im Senat führen zwei Bürgermeister, gewählt auf jeweils zwei Jahre. Der Senat leitet das Staatswesen, ist bei Gesetzesänderungen, beim Haushalt, dem Abschluss von Verträgen mit auswärtigen Mächten jedoch an die Zustimmung der Bürgerschaft gebunden. Diese Bürgerschaft, das erste Parlament, wird von den Ständen gewählt. Der Stand der Kaufleute sowie die Gewerbetreibenden entsenden je 40 Abgeordnete, die Landleute 16, die Krämer und die Gelehrten je zwölf. 30 der 120 Mitglieder der Bürgerschaft bilden den Bürgerausschuss, der zunächst Ansprechpartner des Senats ist. Können Senat und Bürgerschaft sich nicht einigen, wird eine Entscheidungskommission tätig, der je sieben Mitglieder beider Gremien angehören.

Die Verfassung vom Frühjahr 1848 wurde am 30. Dezember revidiert. Das Wahlrecht zur Bürgerschaft sollte nun jedem zustehen, der das Bürgerrecht besaß und selbstständig tätig war. Damit waren die „nur-Einwohner“ ebenso ausgeschlossen wie abhängig Beschäftigte, mithin die Mehrzahl der Bewohner. Lübeck hatte damit immerhin früher als die Schwesterstädte eine modernere Verfassung. Hamburg folgte 12 Jahre später. In einem weiteren Schritt wurden 1851 Exekutive und Judikative getrennt. Der Rat hatte beides in sich vereint.

Die Nationalversammlung tagt

Auf der nach Frankfurt einberufenen „Konstituierenden Deutschen Nationalversammlung“ 1848 war Lübeck durch den Juristen Ludwig Heinrich Wiederhold und den Pädagogen Ernst Deecke vertreten. Das von vielen ersehnte einheitliche Deutschland kam nicht zustande, da Preußens König Friedrich Wilhelm IV. eine ihm vom Volk gegebene Kaiserkrone ablehnte. Deecke notierte: „Deutschland ist tot, es leben die Deutschen.“ Nach seiner Meinung konnte ein Volk, das nach Jahrhunderten von Fußtritten noch existierte, nicht untergehen.

Die Politik Lübecks hatte sich in den 60er-Jahren des 19. Jahrhunderts total verändert. Im deutsch-dänischen Krieg von 1864 hatte Lübeck sich neutral verhalten können, musste aber die Einquartierung preußischer Truppen hinnehmen. 1864 wurde die nationale Farbe wenigstens im Kleinen gespielt. Die Herzogtümer Holstein, Schleswig und Lauenburg wurden nach Kämpfen in Jütland (Schlacht bei den Düppeler Schanzen) deutsch. Dänemark stand in diesem Kampf allein. Die erhoffte Hilfe durch England blieb aus. Bismarck teilte die Verantwortung für die Herzogtümer zwischen Preußen und Österreich. Schleswig kam unter preußische, Holstein unter österreichische Verwaltung, was zu Konflikten zwischen Berlin und Wien führen musste. Das kleine Lauenburg wurde Preußen eingegliedert.

Bismarck suchte nun die Auseinandersetzung mit Österreich. Für ihn war ein Sieg die Voraussetzung für ein geeintes Deutschland unter Preußens Führung. Einen ersten Schritt stellte die Gründung des Norddeutschen Bundes dar. Preußen forderte die Hansestädte auf, diesem Bund beizutreten. Lübeck tat dies im August 1866. Als Mitglied des Norddeutschen Bundes musste Lübeck auf eigene Außenpolitik verzichten. Als neues Gremium wurde der Bundesrat geschaffen, in dem die Hansestädte je eine, Preußen 17 der 43 Stimmen besaß. Lübeck wurde Garnison für das Preußische Infanterie-Regiment Nr. 162. Es war zugleich das dritte Hanseatische (das erste lag in Bremen, das zweite in Hamburg).

Moderne Zeiten

Der Lübecker Senat tat sich schwer mit neuen Formen der Wirtschaftspolitik. Dazu gehörte die Bildung einer Handelskammer, für die Kaufleutekompanien und kaufmännische Kollegien ihre Selbstverwaltung aufgeben mussten. Am 18. Juni 1853 wählte die gesamte Kaufmannschaft 18 Vertreter, die die Kammer bildeten. 1867 wurde die Gewerbefreiheit eingeführt, womit die Macht der Zünfte beendet war. Auch Fabriken ließen sich nieder; meist als Manufakturen. Sie waren höchst unterschiedlich ausgestattet. Da war die Schirmfabrik mit zwei Arbeitern, die Gießerei mit 30 bis 40 Beschäftigten. Eine weitere Erleichterung für den Handel war die Abschaffung des Sundzolls, den Dänemark seit dem 15. Jahrhundert von jedem Schiff, später für jede Tonne Ladung gefordert hatte. Kopenhagen verzichtete nicht freiwillig. Den Hebel setzten die USA an, die 1855 mit Kündigung aller Handelsabkommen drohten, wenn die Freiheit der Meere eingeschränkt bliebe. Mehrere europäische Staaten boten Dänemark Kompensationszahlungen an, so dass am 14. März 1857 der Vertrag über das Ende des Sundzolls unterzeichnet werden konnte.

Der Wall fällt

Die Stadt veränderte ihr Gesicht. Zugunsten der ersten Eisenbahnlinie und für den Bau eines Bahnhofs wurden ab 1850 die Wallanlagen im Westen abgetragen. Auch das äußere Holstentor fiel 1853 der Bahn zum Opfer. Der Bahnhof wurde 1908 an die jetzige Stelle, 300 Meter westlich des ersten, verlegt. Halle und Geleise hinter dem Jugendstilgebäude sind in den Jahren

Für den Bau der ersten Eisenbahn wurden Mitte des 19. Jahrhunderts die Wallanlagen im Westen der Stadt abgetragen.

2005 bis 2007 erneuert worden Die Stadt erhielt 1854 eins der ersten Gaswerke in Deutschland. Seit 1887 gab es elektrischen Strom, zunächst nur im Umkreis von 600 Metern um das E-Werk in der Mengstraße. 1867 wurde das neue Wasserwerk an der Wakenitz in Betrieb genommen. Es ersetzte teilweise mittelalterliche Wasserkünste und beendete die Entnahme von Trinkwasser direkt aus den Flüssen. Der Wasserturm versorgte über ein Netz gusseiserner Leitungen 1300 Entnahmestellen.

Ab 1864 wurden die Vorstädte mit den städtischen Einrichtungen verbunden. Damit fiel auch die Torsperre, die die Stadt seit dem Mittelalter kannte. Erleichterungen hatte es seit 1802 gegeben. Gegen eine Gebühr durfte man die Stadt auch nach Schließung der Tore betreten. Die Franzosen hatten die Torsperre schon einmal aufgehoben, sie war 1813 aber wieder eingeführt worden.

In die 60er-Jahre des 19. Jahrhunderts fällt die Reform des Schulwesens. Hatten vorher private Einrichtungen mehr Schüler als öffentliche, so wurde nun eine Aufsichtsbehörde für nötig erachtet. Verordnungen von 1863 und 1866 schaffen das Oberschulkollegium, das einem Senator untersteht.

Kampf fürs Holstentor

Das äußere Holstentor war abgebrochen worden, das innere stark reparaturbedürftig. Der Bürgerausschuss empfahl deshalb 1854 dem Senat, das funktionslos gewordene „Relikt aus Vätertagen“ zu entfernen. Dies löste die erste Bürgerinitiative im modernen Sinn aus. 1858 gründete sich ein Verein zur Wiederherstellung des Holstentores. Hiesige und auswärtige Geschichtsvereine warnten: Der Abriss würde Lübeck „zur Unehre gereichen“. Die Bürgerschaft, das Parlament, blieb bei ihrem Antrag. Der Senat lehnte ab. Die beiden Gremien einigten sich 1863 auf die Bestellung eines Gutachtens. Die Gutachter kamen zu dem Schluss, dass das schiefe Tor erhalten werden könne. Geneigt haben die Türme sich schon während der Bauzeit 1464 bis 1478. Ursache war der morastige Untergrund. Hinzu kommt, dass die Außenmauern 3,50 Meter stark sind, die zur Stadt hin nur einen Meter. Die Last wurde also ungleichmäßig auf die früh eingezogenen Roste abgeladen.

Noch im gleichen Jahr 1863 debattierte die Bürgerschaft über den Senatsantrag zur Sanierung des „Symbols alter Macht und Herrlichkeit“. Eine spannende Diskussion, bei der sich nach den Reden Pro und Kontra die Waage hielten. Das Ergebnis der Abstimmung lautete 42:41. Mit einer Stimme Mehrheit wurde der Senatsantrag angenommen, das Tor zu retten. Es ist seit 1925 Symbol des Deutschen Städtetages, eines der bekanntesten Gebäude in Deutschland, prangte auf jedem 50-DM-Schein. An der Außenseite liest man eine Inschrift, die als Maxime lübischer Politik gelten könnte: CONCORDIA DOMI FORIS PAX – Eintracht im Innern, Friede nach außen. Die vier Buchstaben auf der Stadtseite, nämlich S.P.Q.L. stehen für *Senatus populusque Lubicensis* (Senat und Volk von Lübeck). Im Volksmund werden sie anders gedeutet: Schlechtes Pflaster quält Lübeck. Die beiden Jahreszahlen auf der Stadtseite, 1477 und 1871 beziehen sich auf die Fertigstellung (korrekt wäre 1478) und die Restaurierung laut Bürgerschaftsbeschluss von 1863. Heute beherbergt das Holstentor ein stadtgeschichtliches Museum.

Die neue Flagge

Ab 1. April 1868 galt eine neue Flagge, die auch die Handelsschiffe führen mussten, eine Mischung aus dem Schwarz-Weiß Preußens und dem Rot-Weiß der Hanse. Preußens König Wilhelm I. kam am 12. September 1868 zu Besuch, auf dem Weg zum neuen Kriegshafen Kiel. Lübeck bereitete ihm einen begeisterten Empfang. Emanuel Geibel, der gern patriotische Verse schrieb, reimte für den Empfang der Majestät: „... und sei’s als letzter Wunsch gesprochen, dass noch dereinst Dein Aug’ es sieht, wie übers Reich ununterbrochen vom Fels zum Meer Dein Adler zieht.“

Im Deutschen Kaiserreich

Die Bildung des Norddeutschen Bundes unter Preußens Führung gilt vielen als Vorstufe des Deutschen Reiches. Am Krieg gegen Frankreich 1870/71 war auch die Garnison Lübeck beteiligt. Stadtpoet Emanuel Geibel dichtete für die Zurückkehrenden eine Hymne. Sie schließt mit den Worten: „Blühe, du deutsches Reich, / wachse der Eiche gleich / markig und hehr. / Friede beglücke dich, / Freiheit erquicke dich, / Herrlichkeit schmücke dich / vom Fels zum Meer."

Die Lübecker, die immer für ihre Unabhängigkeit gekämpft hatten, standen dem Reichsgedanken positiv gegenüber. Schließlich waren es deutsche Kaiser, die der Stadt Privilegien verliehen hatten. Gustav Radbruch, Lübecker Jurist und Justizminister der Weimarer Republik, schrieb rückblickend: „Wir waren Republikaner nur nach dem staatsrechtlichen Begriff, nicht in unserem politischen Bewusstsein; zwar keinem Landesherrn untertan, aber umso mehr erfüllt von monarchischer Anhänglichkeit an das Kaiserhaus."

Kaiserbesuche gab es nach der Reichsgründung mehrmals. Wilhelm I. und Bismarck wurden mit Denkmälern geehrt. Wilhelm II. trat seine Nordlandreisen zu Schiff von Lübeck aus an. 1891 nannte er bei der Begrüßung am Bahnhof Lübeck „die deutscheste aller deutschen Städte". Kaisergeburtstag und der Sedanstag wurden offiziell gefeiert. Immer griff Emanuel Geibel zur Feder: „Nun lasst die Glocken / von Turm zu Turm / durchs Land frohlocken / im Jubelsturm. / Des Flammenstoßes / Geleucht facht an. / Der Herr hat Großes an uns getan!"

Emanuel Geibel

Als Emanuel Geibel am 6. April 1884 starb, war er der berühmteste Dichter deutscher Sprache. Heute kennt ihn außerhalb Lübecks kaum jemand, obwohl jeder sein bekanntestes Gedicht singen könnte: „Der Mai ist gekommen, die Bäume schlagen aus..." Geibel wurde am 17. Oktober 1815 geboren. Seinen Geburtstag feierte er später immer am 18. 10., dem Gedenktag der Völkerschlacht bei Leipzig. Sein Vater war stadtbekannt, Pastor der Reformierten Gemeinde. Der Junge wurde ein glänzender Schüler. Zweimal hätte er als Primus eine Klasse überspringen können, lehnte dies aber ab. Er fühlte sich zeitlebens wohl in der einmal gefundenen vertrauten Umgebung. Vater Johannes wollte einen Theologen aus ihm machen, der Junior aber wechselte zur Philologie. 1838 war er Privatlehrer in Athen, wo er einen zweiten Lübecker traf, Ernst Curtius, den Leiter der Ausgrabungen im antiken Olympia. Nach seiner Rückkehr tat Geibel eigentlich nichts. Er dichtete und wartete ab. 1840 erschien sein erster Gedichtband. Er erreichte zu Geibels Lebzeiten 100 Auflagen, einzigartig in der deutschen Literatur des 19. Jahrhunderts.

Der Lübecker Pfarrerssohn Emanuel Geibel war einer der bekanntesten Poeten des 19. Jahrhunderts. Sein erster Gedichtband erreichte zu seinen Lebzeiten (1815–1884) 100 Auflagen. Sein bekanntestes Lied: „Der Mai ist gekommen …“.

König Maximilian II. bot ihm einen Lehrstuhl für deutsche Literatur in München an. Nach dem Tod des Königs war die schöne Zeit im Süden vorbei. Ludwig II. hatte andere Interessen und einen neuen Genius, Richard Wagner. Preußenkönig Wilhelm IV. setzte Geibel ein Gnadengehalt aus. Geibel dankte mit Gedichten, in denen er die Reichsidee unter Preußens Führung besang. Nach seinem Tod widmete ihm die „Lübecker Zeitung“ die gesamte Titelseite. Dort lesen wir: „Emanuel Geibel ist tot, und dennoch lebt er unter uns. Er lebt durch seine Lieder im Volke und wird unsterblich sein, solange überhaupt noch ein Deutscher seine Sprache und seine Dichter kennt.“ Vielleicht wurde er vergessen, weil seine Lyrik zeitgebunden war und seine politischen Ideen missverstanden wurden. Eines seiner Gedichte endet mit dem Zweizeiler: „Und so mag am deutschen Wesen / einmal noch die Welt genesen.“

Viele Gesetze mussten nach Gründung des Deutschen Reiches angepasst werden. Lübeck verlor das Oberappellationsgericht der Hansestädte. Die verschiedenen Postdienste wurden zur Reichspost vereint, die 1884 ein monumentales neugotisches

Gebäude am Markt erhielt. 2004 wurde dieses Gebäude zugunsten eines modernen Kaufhauses abgerissen. Diskussionspunkt bis heute: Passt neue Architektur ins Herz der alten Stadt?

1881 wurde der Öffentliche Personennahverkehr eingeführt, als Pferdebahn. Die „Lübecker Pferdebahn-Gesellschaft" wurde 1894 von der Berliner AEG übernommen, die die Bahn elektrifizierte. Sie firmierte nun unter der Bezeichnung ALSAG, Allgemeine Lokal- und Straßenbahn AG. 1908 übernahm die Stadt die als Konkurrenz hinzugekommene „Lübecker Straßenbahn" und kaufte 1909 die ALSAG. Die erste Linie führte vom Kolosseum über die Mühlenbrücke zur Travemünder Allee. Eine zweite Linie verband den Markt über Lindenplatz, Moislinger Allee mit der Lachswehr. In der Roeckstraße wurde 1908 ein Betriebshof errichtet. Ab 1924 fuhren Busse in die Vororte bis nach Travemünde. Nach und nach verschwanden die Straßenbahnen. Seit 1960 verkehren ausschließlich Busse.

Moderne Wasserwege

Auch in den Hafen musste investiert werden. Für große Schiffe war die Fahrrinne der Trave nicht tief genug. Sie wurde um 1900 auf gut fünf Meter ausgebaggert, inzwischen auf nahezu zehn Meter. Der 1895 fertiggestellte Nord-Ostseekanal drohte Schiffsverkehr abzuziehen. Wasserbaudirektor Peter Rehder verhandelte über einen Ausgleich. In Gemeinschaftsfinanzierung entstand der moderne Elbe-Lübeck-Kanal, bis 1921 hieß er Elbe-Trave-Kanal. Er nahm zum Teil den alten Stecknitzkanal auf. Auf einer Länge von 67 km sind sieben Schleusen zu befahren, um einen Höhenunterschied von zwölf Metern zu überwinden. Für diesen Kanal wurde der einzige Landzugang zur alten Stadt durchtrennt. Lübeck ist seit 1900 Insel, umflossen von Wakenitz, Trave und dem Kanal. Zur Einweihung am 16. Juni 1900 kam Kaiser Wilhelm II.

Die Einwohnerzahl war ständig gewachsen. Nach Ende der Franzosenzeit, 1815, hatte Lübeck 36454 Bewohner,

Am Südrand von Travemünde entstand im vorigen Jahrhundert der Skandinavienkai. Regelmäßig werden von hier die Häfen der Staaten rund um die Ostsee bedient.

davon 12321 in den Landgebieten. 1880 waren 63571 Einwohner gemeldet, fünf Jahre später 67658. Zur Jahrhundertwende waren es 76485, wobei die Zahl der Landbewohner mit 12000 bis 13000 konstant blieb, während die Stadtbevölkerung wuchs.

Industrialisierung

Die Gründung eines Industrievereins 1889 zeigt, dass ein neues Kapitel Wirtschaftsgeschichte aufgeschlagen worden war. Wichtigstes Mitglied war der Kaufmann Emil Possehl (1850–1919). Er übernahm 23-jährig die väterliche Eisen-, Blech-

und Steinkohlehandlung, baute seine Geschäftsverbindungen systematisch aus und entwickelte sie zu einem der bedeutendsten deutschen Importunternehmen seiner Zeit. Er führte nicht nur schwedische Erze ein, sondern erwarb Erzhütten in Schweden. Von Narvik aus transportierten eigene Schiffe das Erz zu den Verarbeitungsbetrieben. Possehl unterstützte die Idee, bei den Lübecker Häfen ein Hochofenwerk zu gründen, in dem schwedische Erze und Kohle aus dem Ruhrgebiet verarbeitet werden sollten. Eine ganze Arbeitersiedlung entstand rund um das Hochofenwerk, das am 7. November 1905 eröffnet wurde und 75 Jahre bestand. Auf dem 100 Hektar großen Gelände wurden 1907 zwei Hochöfen angefahren. Bis 1914 waren drei Hochöfen, drei Koksofenbatterien, ein Zementwerk und eine Kupfermühle in Betrieb genommen. 1956 wurde der Betrieb in Metallhüttenwerk Lübeck AG umbenannt. Er erlebte nach dem zweiten Weltkrieg weiteren Aufschwung. Rund 4000 Menschen lebten in der Siedlung, in vielfacher Weise mit dem Werk verbunden (Fernheizung, eigene Werksläden). 1975 erwarb die US-Steel-Corporation das Werk. Das war zur Zeit einer weltweiten Stahlkrise, in die die Metallhütte hineingezogen wurde. 1981 musste das Werk Konkurs anmelden. Ein Schock für die Bewohner, ein ganzer Stadtteil verlor die Arbeit. 1986 wurden die Hochöfen gesprengt, das Gelände für Gewerbeansiedlung frei gegeben.

Emil Possehl

Emil Possehl wurde 1901 in den Senat gewählt. Schon zu Lebzeiten hat er sich als Mäzen betätigt. Nach seinem Tod ging laut Testament vom 9. Juli 1915 die Firma in die Possehl-Stiftung als alleinige Gesellschafterin über. Sie ist bis heute weltweit tätig. Der Gewinn wird zum Wohle Lübecks ausgeschüttet; bis heute mehr als 100 Millionen Euro. Wofür das Geld verwendet wird, legt die Satzung fest: für die Erhaltung des alten Stadtbildes, für Projekte der Jugend- und Sozialarbeit. Mehrere Preise werden jährlich vergeben: Der Possehl-Musikpreis (seit 1962), der Possehl-Ingenieurpreis (seit 1983). 1997, aus Anlass des 150-jährigen Bestehens der Firma, finanzierte die Stiftung den Bau einer Kunsthalle, die dem St. Annen-Museum angegliedert ist.

Senator Emil Possehl, einer der führenden Industriekapitäne Deutschlands, schuf mit der nach ihm benannten Stiftung eine Einrichtung, die bis heute segensreich zum Wohle Lübecks wirkt.

Ein bedeutender Industriebetrieb war auch die Lübecker Maschinenbau-Gesellschaft LMG. Gegründet 1873 durch Übernahme eines älteren Betriebes (Kollmann & Schetelig). Spezialität war der Bau von Baggern. 1877 wurde der erste dampfbetriebene Bagger nach Finnland geliefert. Spezialbagger gruben den Nord-Ostseekanal, ebenso den Elbe-Trave-Kanal. 1901 übernahm Benno Orenstein die Aktienmehrheit. 1950 wurde die Firma in LMG/Orenstein & Koppel umbenannt. Verkaufsschlager waren Trocken- und Nassbagger, Hochseeschlepper und Eisenbahnbrücken. Viele Schaufelradbagger, die im Tagebergbau eingesetzt sind, stammen von O & K aus Lübeck. Fusionen auf dem Stahl- und Maschinenbausektor führten in den 80er-Jahren zum Schließen ganzer Betriebszweige. 2003 musste Insolvenzantrag gestellt werden.

Stadterweiterung

In Lübeck gibt es die Einteilung in Alt- und Neustadt nicht. Lübeck war immer der von Trave und Wakenitz umflossene Stadthügel. Vor den Toren hatten vornehme Lübecker seit dem 19. Jahrhundert zwar Sommerhäuser. Feste Siedlungen anzulegen, verbot die Sicherheit. Vor den Wällen sollten die Geschütze freies Feld haben. Selbst auf dem 1597 angelegten Pestfriedhof vor dem Holstentor stand nur eine turmlose Kapelle. Als der Stadthügel bebaut war, wurde eine eigene Art der Stadterweiterung entwickelt. In die Fassaden vieler Häuser wurden Tore gebrochen, dahinter liegende Gärten und Höfe mit einstöckigen „Buden" bebaut. Da sie nur über den neuen Durchgang erreichbar waren, nannte man sie auch Ganghäuser. Sie dienten als Wohnungen für unverheiratete Familienmitglieder oder wurden vermietet. Da hier viele Menschen auf engstem Raum lebten, brachen oft Krankheiten aus. Schon um 1900 wurden erste Programme einer Sanierung vorgenommen, etwa im Domviertel. Die Gänge wurden entkernt, Bewohner in neue höhere Geschossbauten an der Straße umgesiedelt, um Licht und Luft in die Gänge zu lassen.

Die Vorstädte

Nachdem die Torsperre 1864 endgültig aufgehoben war, konnten sich Vorstädte entwickeln. 1861 werden St. Gertrud, St. Lorenz und St. Jürgen genannt. Bebauungspläne gab es ab 1894.

St. Gertrud ist eine beliebte Wohngegend. Zum alten St. Gertrud gehörte vor dem Burgtor nur der Bezirk zwischen Travemünder Allee, Heiligengeistkamp, Sandberg und Roeckstraße. Verwaltungsmäßig gehören heute Eichholz und Gothmund dazu. Die Bebauung ist höchst unterschiedlich. Industrieanlagen in Travenähe gehören ebenso dazu wie das verträumte Fischerdorf Gothmund mit reetgedeckten Häusern, Villen an der Wakenitz und am Stadtpark sowie Reihenhäuser. Seinen Namen erhielt die Vorstadt von einer Kapelle vor dem Burgtor, die der heiligen Gertrud geweiht war. 1622 wurde die Kapelle zugunsten neuer Verteidigungsanlagen abgebrochen, der zugehörige Friedhof verlegt. Mit dem Stadtpark – zwischen 1898 und 1902 auf sauren Wiesen eines verlandeten Wakenitzarmes angelegt – besitzt die Vorstadt ein zwölf Hektar großes Naherholungsgebiet.

St. Lorenz erhielt mit dem Pesthof vor dem Holstentor erste Gebäude. Die zum Pesthof gehörige Kapelle erinnerte an Laurentius (= Lorenz), jenen Diakon der römischen Gemeinde, der am 10. August 258 den Märtyrertod starb. In der Vorstadt St. Lorenz wurde seit Jahrhunderten Gartenbau betrieben. 58 Gärtner wurden 1798 gezählt. Die erste Lorenzkirche entstand 1661/64, turmlos, damit etwaige Feinde den Turm nicht als Gefechtsstand nutzen konnten. Ende des 19. Jahrhunderts war die Kirche zu klein geworden, so dass 1900 gleich zwei Neubauten entstanden, die neue Lorenzkirche und an der Landstraße nach Schwartau St. Matthäi, beide in neugotischem Stil.

St. Jürgen hat seinen Namen nach einem um 1240 vor dem Mühlentor angelegten Lepra-Hospital, dessen Kapelle dem heiligen Georg, niederdeutsch Jürgen, geweiht war. Weitere Einrichtungen zur Versorgung Kranker siedelten sich an. Auch bestimmte Gewerbe wurden vor das Mühlen- und das Hüxtertor verlagert: Bleichereien, Kienräuchereien, Amidamfabriken (Amidam war ein Stärkemehl). Gärtner ließen sich an der Ausfallstraße nach Lauenburg nieder. Nach beiden Weltkriegen entstanden neue Siedlungen.

Ebenfalls historische Kerne haben die ehemaligen Dörfer, die längst eingemeindet sind: Genin, Niendorf, Israelsdorf, Karlshof, Kücknitz, Moisling, Schlutup. Sie alle sind durch regen Wohnungsbau nach 1945, als fast 100 000 Flüchtlinge unterzubringen waren, mit der übrigen Stadt zu einem Großraum zusammengewachsen.

Travemünde: Vom Fischerdorf zum Seebad

Travemünde, 15 Straßen- und 24 Flusskilometer vom Zentrum entfernt, wird gern Lübecks schönste Tochter genannt. Die

Mittelpunkt des Ortskerns von Travemünde ist die Fischerkirche St. Lorenz, in der sich alte Kunstwerke über die Jahrhunderte hin erhalten haben.

Stadt Lübeck kaufte den 1187 von Graf Adolf III. gegründeten Fischerort, den Dänenkönig Waldemar II. 1217 mit einem Turm gesichert hatte, im Jahre 1329. Erst zwischen 1625 und 1632 erhielt der Ort eine Bastion und eine Zitadelle. In der zweiten Hälfte des 19. Jahrhunderts wurden die Befestigungen beseitigt. Als Folge der Lehren des Franzosen Jean Jacques Rousseau („Zurück zur Natur“) empfahl der Lübecker Arzt Nicolaus Heinrich Brehmer das heilende Bad im Meer. Zusammen mit zehn Bürgern gründete er 1802 eine Gesellschaft zum Betrieb einer Seebadeanstalt in Travemünde. Badekarren, die ein Stück ins Meer geschoben wurden, gehörten ebenso dazu wie ein Warmbadehaus und ein Gesellschaftshaus, das spätere Kurhaus. Ferner folgten eine Speisewirtschaft, ein Logierhaus, Schuppen für Wagen, Ställe für Kutschpferde, ein Musiktempel. Nach Heiligendamm (1794) und Norderney (1797) ist Travemünde drittältestes deutsches Seebad, das erste, das auf private Initiative zurückgeht. Erst 1898 übernahm die Stadt das Bad.

Nach der Eröffnung von Schiffsverbindungen nach Kopenhagen (1824), St. Petersburg (1828) und Riga (1830) wurde das Seebad Sommertreffpunkt der Oberschicht. Die Franzosen hatten 1808 das Glücksspiel erlaubt, 1833 wurde eine Spielbank eröffnet, 1872 aufgrund von Reichsgesetzen wieder geschlossen; 1949 war der Betrieb wieder erlaubt.

1882 erhielt Travemünde Bahnanschluss, 1903 die Strandpromenade. 1889 organisierten Segler aus Hamburg die erste Regatta. Kaiser Wilhelm II. regte die Travemünder Woche an, die seit 1891 im Juli stattfindet. Nach der Kieler Woche ist dies das zweitgrößte segelsportliche Ereignis weltweit. Zwischen 2500 und 3500 Segler gehen an den Start.

Nach dem zweiten Weltkrieg entwickelte sich der „Skandinavien-Kai“ am südlichen Ausgang Travemündes zum größten Fähranleger Europas, vor allem für Passagiere. 1959 wurde die alte Seebadeanstalt durch ein Kurmittelhaus ersetzt. Das Maritim Hotel beherbergt quasi als 36. Stockwerk das Leuchtfeuer, das den Schiffen den Weg weist. Vor dem Priwall, einer zu Lübeck gehörenden mecklenburgischen Landzunge, erhielt die Viermastbark „Passat“ 1960 einen endgültigen Liegeplatz. Der Untergang des Schwesterschiffes „Pamir“ im November 1957 bedeutete das Aus für die deutschen Lastensegler. Die „Passat“ ist Museumsschiff und kann für Veranstaltungen gemietet werden.

Schlutup: Grenze und Fischindustrie

Schlutup wird 1225 erstmals als Fischerdorf erwähnt. Der Ort erlangte nach dem zweiten Weltkrieg traurige Bekanntheit. Es war der nördlichste Grenzübergang von Deutschland nach

Wahrzeichen des Ostseebades Travemünde ist die Viermastbark „Passat". Sie hat ihren letzten Ankerplatz vor dem Priwall gefunden.

Deutschland. Der Name wurde wegen der Grenze mit „Schließ auf" (niederdeutsch: Slut up) gedeutet. Die älteste Bezeichnung des Ortes lautet jedoch Slucup, was aus dem Niederdeutschen übertragen „Schluck weg" meint.

1436 erhielt der Ort eine eigene Pfarrkirche, St. Andreas, bis heute wegen der alten Ausstattung sehenswert. Der Grundriss hat die Ausmaße einer Hansekogge. Sie steht auf dem Kopf, ihre Holzdecke sieht wie ein Schiffsbauch aus. Um Pfarrer und Küster zu besolden, fuhren die Schlutuper Fischer zweimal jährlich auf Kirchfang.

Ab 1851 entstanden Fischräuchereien in Schlutup, aus denen sich nach Einführung der Gewerbefreiheit (1867) eine große Fischindustrie entwickelte, mit Räuchereien, Bratereien, Marinier- und Verpackungsbetrieben. Da der heimische Fang nicht reichte, wurde Fisch in großem Stil angekauft. Für die Fischkutter wurde 1889 ein eigener Anleger gebaut. 1902 war der Eisenbahnanschluss fertig. Aus Schlutup kamen um 1940, auf dem Höhepunkt der Entwicklung, 75 Prozent aller in

Deutschland verzehrten Fischkonserven. Jährlich wurden damals 35 Millionen Kilogramm Frischfisch verarbeitet.

Die Vorrangstellung verdankte Schlutup einer Lübecker Erfindung. Friedrich Ewers hatte unter der Nr. 6480 des Kaiserlichen Patentamtes am 24. November 1877 ein neues Verfahren angemeldet, um Blechdosen zu schließen. Bis dahin mussten sie umständlich zugelötet werden. Ewers erfand eine Maschine, die Deckel und Boden mit einem Falz abdichtete. „Billige Dosen für billigen Fisch" lautete die Devise, die zum Erfolg führte.

Ab 1980 ging die Zahl der Fisch verarbeitenden Betriebe zurück. Dafür entstand ein Anleger für RoRo-Schiffe („roll on, roll off"). Über den Hafen Schlutup wickelt Lübeck den Papierimport aus Skandinavien ab.

Lübecker Werften

Im bedeutendsten deutschen Ostseehafen vermutet man zu Recht eine Werftindustrie. Lübeck war Werftenstandort, zuletzt mit der Schlichting- und der Flenderwerft. Johann Schlichting (1872–1946) besaß seit 1898 in Travemünde einen Betrieb für die Reparatur von Fischereifahrzeugen, 1905 errichtete er auf dem Priwall eine Bootswerft, die er 1943 seinem Sohn Rudolf übergab. Mitte der 50er-Jahre kaufte der Hamburger Reeder Alnwick Harmstorf den Betrieb, musste allerdings 1986 Konkurs anmelden.

Bis zum Jahre 2002 existierte im Stadtteil Siems die Flenderwerft, 1917 als Zweigniederlassung der Düsseldorfer Brückenbau Flender AG eröffnet. In Siems wurden vor allem Schwimmdocks, ab 1920 seetüchtige Schiffe gebaut. 1926 wurde das Lübecker Werk selbstständige AG. Während des zweiten Weltkrieges war Flender im U-Bootbau tätig, nach dem Krieg zeitweilig eine der größten deutschen Werften. Insgesamt verließen fast 700 Neubauten den Betrieb. Darunter befanden sich Jumbofähren der TT-Line (Travemünde-Trelleborg). Das Unternehmen stellte sich weitsichtig auf den Bau von Containerschiffen um, musste aber trotzdem aufgrund der gestiegenen Konkurrenz auf dem Weltmarkt 2002 Insolvenz anmelden.

Weltenbummler Henry Koch

Eine weitere Werft bestand von 1878 bis 1934 am Rande der Altstadt, ein Betrieb, der mit dem Schicksal des Wirtschaftspioniers Henry Koch verbunden ist. Geboren wurde er 1832 in Wischhafen an der Unterelbe als Sohn eines Elbfischers und Kornhändlers. Nach der Schule heuerte er als Schiffsjunge an und kam 1851 bis nach Australien, wo das Goldfieber ausgebrochen war. Henry Koch blieb auf dem fünften Kontinent und hatte Glück, er fand tatsächlich Gold. Bald gehörte ihm eine Goldaufbereitungsanlage, die ihn zu einem der reichsten Männer Australiens machte. 1872 kehrte er nach Deutschland zurück. Seinen Sohn schickte er auf eine Privatschule in Lübeck. So lernte er die Stadt kennen und bemerkte, dass die behäbige Travestadt der Entwicklung hinterher hinkte. Man mag ihm erzählt haben, dass Adolph Hermann Blohm, später Mitbegründer der Hamburger Werft Blohm & Voss, mit dem Versuch gescheitert war, in seiner Vaterstadt Lübeck eine Werft zum Bau von Eisenschiffen aufzumachen. Die Behörden hatten nicht mitgespielt. Henry Koch fädelte die Sache geschickter ein. Er erwarb Grundstücke am Traveufer und gab als Ziel die Errichtung einer Dampfschifffahrtsgesellschaft an. Wahrscheinlich hatte er geahnt, dass die Stadt genau seine Grundstücke brauchte, um den Hafen zu erweitern, und das musste geschehen, wenn man konkurrenzfähig bleiben wollte. Er kam mit der Stadt ins Geschäft, tauschte vorteilhaft einige seiner Grundstücke gegen andere, die günstig für seine am 15. Mai 1877 gegründete Dampfschifffahrtsgesellschaft „Pioneer" lagen. Seine Schiffe beherrschten den Passagierverkehr auf der Trave und zu den Bädern der Ostsee. Dann machte er der Lübecker Handelskammer Konkurrenz, in dem er Bugsierdampfer anbot, die als Schlepper im Flusshafen benötigt wurden. Bis 1878 war dies ein Monopol der Handelskammer. Koch unterbot die Preise.

1880 teilte er der Kammer mit, dass er eine Schiffs-, Maschinen- und Kesselbauwerkstatt eröffnet habe. Damit konnte er Eisenschiffe, Dampfmaschinen und Dampfkessel reparieren und bald auch neu bauen. Wegen seiner Werft bemühte ein Nachbar die Gerichte, der Lärm der Kesselschmiede sei für die Arbeiter seiner Sägerei unerträglich. Bei der mündlichen Verhandlung führte Koch ins Feld, dass die Dampf- und Gattersägen des Klägers mehr Lärm verursachten als seine Kesselhämmer in einem geschlossenen Raum. Das Gericht wies die Klage ab. 1883 lief das erste in Lübeck gebaute Stahlschiff vom Stapel. Koch starb am 1. Dezember 1888. Bis 1908 gehörte der Betrieb seinen Erben. Dann wurde er in eine Aktiengesellschaft umgewandelt, die bis 1927 immerhin 269 Schiffe baute. Inflation und Weltwirtschaftskrise ruinierten das Unternehmen, das 1934/35 in Konkurs ging.

Das Postgebäude am Markt vom Ende des 19. Jahrhunderts, nach dem Krieg in schlichterer Form wieder errichtet, wurde inzwischen durch einen modernen Kaufhausbau ersetzt.

Erfinder Heinrich Dräger

Ein Name, der in der Lübecker Industriegeschichte nicht fehlen darf, ist der von Heinrich Dräger. Der Konzern, noch immer in Familienhand, beschäftigt heute in etwa 100 Ländern 9600 Mitarbeiter, im Stammwerk Lübeck rund 4000. Er gilt als eines der weltweit führenden Unternehmen auf den Gebieten Medizintechnik (Narkose- und Beatmungssysteme) und Sicherheitstechnik (Atemschutz- und Gasmessgeräte). Bekannt und gefürchtet waren die bei Dräger entwickelten Pusteröhrchen für den Alkoholtest.

Firmengründer Heinrich Dräger (1847–1917) war gelernter Uhrmacher. Mit einem Partner, der Kapital besaß, machte er sich 1889 selbstständig, eröffnete das Handelsgeschäft Dräger & Gerling. Sie vertrieben kleine Maschinen und Geräte. Daneben verfiel Dräger der „Tüfteleritis", wie er seine Sucht nach Erfindungen nannte. Seit 1877 gab es das Deutsche Patentamt, bei dem zum Beispiel sein mechanischer Knopflochapparat angemeldet wurde, der an jede Nähmaschine angebracht werden konnte. Tausend Mark bot ein Berliner Fabrikant für die Idee. Ins Geschäft wurde Sohn Bernhard (1870–1928) aufgenommen.

Eine weitere Erfindung war ein Bierdruckapparat, der das Bier mit Kohlensäure versetzte und so frischer auf den Gasthaustisch brachte. Um das kontrolliert geschehen zu lassen, erfanden Vater und Sohn ein Druckminderventil, das zum Verkaufsschlager wurde. Partner Gerling starb 1891.Vater und Sohn führten das Unternehmen als „Lübecker Bierdruckapparate- und Armaturenfabrik Heinrich Dräger". 1892 zog die Firma in die Moislinger Allee um. Bis heute befindet sich hier die Zentrale.

Sohn Bernhard studierte in Berlin Maschinenbau. Seinem Einfallsreichtum sind schon während der Studienjahre technische Fortschritte zu danken. In den folgenden Jahren entwickelte er Sauerstoff-, Schweiß-, Schneidbrenn-, Gasschutz- und Atemschutzgeräte. 1902 wurde die Firma in „Drägerwerk, Heinrich und Bernhard Dräger" umbenannt. Zehn Jahre später war Bernhard Alleininhaber.

1928 übernahm Heinrich Dräger jun. (1898– 1986), der Enkel des Gründers, die Leitung. Er baute das Unternehmen weiter aus, zum Beispiel durch Einführung eines Prämiensystems. Dies motivierte die Arbeiter und erhöhte die Effizienz. Frei nach dem Motto des Chefs: „Willst du, dass dein Geschäftskarren flott über alle Hindernisse dahinfahre, so benutze das Eigeninteresse deiner Angestellten als Vorspann.“ Heinrich Dräger führte das Unternehmen durch die Weltwirtschaftskrise, den Nationalsozialismus und den Wiederaufbau Deutschlands. Mit Hilfe der Elfriede-Dräger-Gedächtnisstiftung – so benannt nach seiner Mutter – förderte er den Wiederaufbau von St. Marien und dem Dom, ließ unter anderem das Bürgerhaus Königstraße 9 zu einem Museum Drägerhaus umgestalten und einen 4 km langen Wanderweg am Stadtrand anlegen. 1982 ernannte die Stadt ihn zum Ehrenbürger.

Heinrich Dräger (1898–1986) leitete die von seinem Großvater gegründeten Drägerwerke ab 1928. Er gehörte zu Lübecks großzügigsten Mäzenen.

Kulturelles Leben

Das Leben einer Stadt wird nicht nur von der Wirtschaft, sondern auch von kulturellen Angeboten bestimmt. Dazu zählt seit alters her die Kirchenmusik. Nicht nur in den Gotteshäusern der Altstadt – Dom, St. Marien, St. Jakobi, St. Aegidien, St. Petri, St. Katharinen – standen und stehen berühmte Orgeln. Auch in den Kirchen der Vorstädte wurde und wird musiziert.

Das Theater hat seit 1752 ein festes Gebäude am heutigen

Standort in der Beckergrube. Der jetzige Bau in reiner Jugendstilarchitektur wurde von Martin Dülfer, einem Dresdner Theaterarchitekten entworfen und 1907/08 ausgeführt. Mittelbare Ursache für den Neubau war ein Theaterbrand in Chicago, bei dem Hunderte von Menschen zu Tode kamen. Kaiser Wilhelm hatte daraufhin die Überprüfung der Sicherheit deutscher Theater angeregt. Lübecks Casino-Gesellschaft, Anfang des 20. Jahrhunderts Betreiberin des Theaters, erhielt 1905 den Schließungsbescheid, da der ganz in Holz gehaltene Theaterraum feuergefährdet sei. Standortfragen wurden diskutiert, Finanzfragen ebenso. Senator Emil Possehl schlug den gordischen Knoten durch, indem er mehrere Grundstücke neben dem alten Gebäude erwarb, der Stadt schenkte, aber zur Auflage machte, dass mit dem Neubau baldmöglichst begonnen werden müsse. So geschah es. Eine aufwendige Restaurierung in den Jahren 1994 bis 1996 finanzierte wieder im Wesentlichen die Stiftung des Senators Possehl.

Furtwängler als Vereinsdirigent

Ein besonderes Kapitel Kulturgeschichte verbindet sich mit dem Städtischen Orchester, das seit 1997 Philharmonisches Orchester heißt. 1895 wurde in Lübeck eine Deutsch-Nordische Industrieausstellung veranstaltet. Um die Gäste zu unterhalten, stellte man eine Kapelle zusammen. Die klassischen Konzerte stießen auf derart viel Interesse, dass zwei Kaufleute, Hermann Behn und Ferdinand Boldemann, gemeinsam mit dem dänischen Generalkonsul Charles H. Petit Anfang 1896 einen Verein der Musikfreunde gründeten. Dieser Verein, nicht die Kommune, engagierte die Dirigenten, die ein 46 Mann starkes Orchester zusammenstellten. Einer der ersten Dirigenten war Wilhelm Furtwängler. Fünf Spielzeiten, von 1911 bis 1915, leitete er das Orchester. Erst mit Ende des zweiten Weltkrieges ging es in städtische Regie über, spielt im Theater und bei sinfonischen Reihen.

Die Museen sind ebenfalls Kinder des 19. Jahrhunderts. Schon vorher gab es Sammler, zum Beispiel den Arzt Johann Julius Walbaum (1724–1799). Seine „Realien“ vermachte er der Gemeinnützigen Gesellschaft, womit der Grundstock für ein

Naturhistorisches Museum gelegt war. Die Sammlung entwickelte sich zu internationalem Format. Folgrichtig wurde ein Haus gebaut, 1893 in neugotischem Stil. In diesem „Museum am Dom" waren sowohl das Naturhistorische Museum als auch die Völkerkunde und das Museum für Kunst und Kulturgeschichte zu finden. Als Folge von Kriegsschäden entstand an alter Stelle 1963 ein neuer Bau. Seit 1997 firmiert die Einrichtung unter der Bezeichnung „Museum für Natur und Umwelt".

Zum Museum für Kunst und Kulturgeschichte gehören mehrere Häuser: das St. Annen-Museum mit der Kunsthalle, das Behnhaus/Drägerhaus, das Holstentormuseum, die Museumskirche St. Katharinen und die Völkerkundesammlung. Das St. Annen-Museum wurde 1915 in den historischen Räumen des 1515 fertiggestellten St. Annen-Klosters eingerichtet. Es enthält Schätze aus der reichen Vergangenheit der Stadt. Nicht nur Beispiele von Wohnkultur, sondern auch die größte Sammlung spätmittelalterlicher Schnitzaltäre und Skulpturen aus der Zeit um 1500 in Deutschland. In einem gesonderten Raum ist eines der letzten Werke des Niederländers Hans Memling zu finden, ein großer gemalter Doppelflügelaltar von 1491. Die 2003 eröffnete Kunsthalle ist ein Geschenk der Possehl-Stiftung. In einem mit spezieller Lichttechnik ausgestatteten Raum sind kirchliche Textilien zu sehen, darunter die gegen Kriegsende nach Lübeck gekommenen Paramente aus Danzig.

Das Museum Behnhaus ist ein besonders schönes Beispiel des repräsentativen Kaufmannshauses des 18. Jahrhunderts. Der dänische Hofarchitekt Joseph Christian Lillie (1760–1827) gestaltete die Raumfolge. Das Behnhaus dient der Stadt als Kunstgalerie, während im Nebengebäude, dem Drägerhaus, herausragende Beispiele großbürgerlicher Wohnkultur aus der Mitte des 18. Jahrhunderts zu sehen sind. Im Gartenflügel findet der Besucher die einzige in Lübeck erhaltene Festraumfolge des Barock. Der Name des Hauses erinnert an den Mäzen Heinrich Dräger, der 1981 die Mittel für die Einrichtung dieses Museums zur Verfügung stellte. Ein Prunkstück des Behnhauses ist das Gemälde „Die vier Söhne des Dr.

Max Linde". Der Lübecker Augenarzt Max Linde (1862–1940) gilt als Entdecker und erster Förderer des bekannten norwegischen Malers Edvard Munch. Linde lud Munch mehrere Male in seine Villa ein und verschaffte ihm Aufträge, bestellte u. a. eine Grafikmappe mit Familienporträts. Das Ölbild mit den Kindern war der Dank des norwegischen Gastes.

In den hinter den Gebäuden befindlichen Bürgergärten ist die Overbeck-Gesellschaft zu finden, der 1918 gegründete Kunstverein zur Pflege der Moderne.

Johann Friedrich Overbeck
Der Namensgeber, Johann Friedrich Overbeck, ist Sohn des Bürgermeisters Christian Adolph Overbeck (1755–1821). Johann Friedrich (1789–1869) studierte Malerei in Wien und ging nach Rom, wo er mit Freunden die Künstlergruppe der Lukasbrüder gründete. Das von religiösen Motiven geprägte Werk der Gruppe trug ihr den Namen „Nazarener" ein. Im Behnhaus sind einige seiner Werke zu sehen. In St. Marien hat ein Gemälde Overbecks den Krieg überlebt.

Im Holstentor, dem Wahrzeichen der Stadt, wurde 1948 ein stadtgeschichtliches Museum eingerichtet. 2002 erhielt das Museum ein neues Konzept. Seither steht der Handel des Mittelalters und der frühen Neuzeit im Mittelpunkt.

Die Völkerkunde ist im ehemaligen Zeughaus neben dem Dom zu finden. Die im Krieg großenteils ausgelagerten Exponate wurden fast 20 Jahre lang dem Hamburger Museum für Völkerkunde zur Verfügung gestellt. Seit 1984 können jeweils Teile der Sammlungen gezeigt werden. Aus finanziellen Gründen gibt es kein reguläres Museum.

Eine eigene Einrichtung ist das Kulturforum Burgkloster. In den bis 1992 sanierten Räumen des Klosters und neueren Bauteilen werden Wechselausstellungen geboten. Als ständige Ausstellungen sind der Lübecker Münzschatz, entdeckt 1984 bei Erdarbeiten zur Musikhochschule, sowie eine Erinnerung an das einst blühende jüdische Leben in der Stadt zu sehen. 2005 wurde im ehemaligen Beichthaus des Klosters ein Archäologisches Museum eröffnet.

Seit 1993 zieht das Heinrich-und-Thomas-Mann-Zentrum

Blick in die Eingangshalle des Behnhauses.

im Buddenbrookhaus (s. Abb. S. 88) Literaturfreunde an. Neben Ausstellungen zu Werk und Leben der Dichterbrüder sind Forschungseinrichtungen untergebracht. Hier befindet sich der Sitz der Deutschen Thomas Mann-Gesellschaft.

Heinrich und Thomas Mann

Die Dichterbrüder Heinrich und Thomas Mann sind Lübecks bekannteste Söhne. Heinrich (1871–1950) absolvierte nach dem Schulbesuch eine Buchhändlerlehre in Dresden und ein Volontariat beim S. Fischer Verlag in Berlin. Er schrieb Romane, Erzählungen, Essays. Nach der Machtergreifung der Nazis emigrierte er wie sein Bruder in die USA, wo er in Santa Monica/ Kalifornien starb. Thomas Mann (1875–1955) ging wie sein Bruder aufs Lübecker Katharineum, begann früh zu schreiben und wurde erfolgreicher und populärer als der Bruder. Für den 1900 erschienenen Roman „Buddenbrooks“ erhielt er 1929 den

Als Schönheit aus Brasilien wurde Julia Mann bewundert, die Mutter der Dichterbrüder, hier mit ihren Kindern Julia, Heinrich und Thomas.

Nobelpreis für Literatur. Nach dem Krieg ließ er sich in der Schweiz nieder, besuchte noch zweimal seine Heimatstadt, die ihm in seinem Todesjahr die Ehrenbürgerschaft verlieh.

Ein weiteres Literaturmuseum ist das Günter Grass-Haus. Die Ausstellungs- und Forschungsstätte will den Dialog zwischen den Künsten fördern, namentlich zwischen Literatur und Bildender Kunst. Sie wurde 2002 in einem Gebäude der Glockengießerstraße eröffnet, in dem der 1999 mit dem Nobelpreis geehrte Autor und Bildende Künstler Arbeitsräume besitzt.

Weltkrisen und Weltkriege

Der erste Weltkrieg

Die Schüsse von Sarajewo vom 28. Juni 1914, die den österreichischen Thronfolger Franz Ferdinand und seine Gattin Sophie tödlich trafen, veränderten die Welt. Der erste Weltkrieg, der genau einen Monat später mit der Kriegserklärung Österreichs an Serbien begann, hatte auch in Norddeutschland Konsequenzen. Kaiser Wilhelm trat zwar wie geplant in Travemünde seine Nordlandreise an, kurze Zeit später aber rückte das Hanseatische Infanterie-Regiment aus, dem S. M. zehn Jahre zuvor den Namen „Lübeck“ verliehen hatte. Es wurde auf die Nordsee-Insel Sylt verlegt, um eine etwaige Landung englischer Streitkräfte zu verhindern. Ende August wurde das Regiment Nr. 162 nach Belgien abkommandiert. Es blieb während des gesamten Krieges an unterschiedlichen Orten der Westfront, kämpfte bei Nyon (1914), an der Somme (1915/16), bei Arras und Cambrai (1917), im letzten Kriegsjahr in Flandern, vor Reims und in Lothringen. Es waren verlustreiche Kämpfe. Fast 4000 Lübecker fielen. Die Verwundeten füllten nicht nur Lazarette, sondern auch Schulräume und Baracken, die am Burgfeld aufgestellt worden waren. Auf dem Ehrenfriedhof an der Travemünder Allee finden bis heute am Volkstrauertag Gedenkfeiern statt.

Der Matrosenaufstand

Eins der letzten Kapitel des ersten Weltkriegs trug sich in Kiel und Lübeck zu. Ende Oktober 1918 sollte die deutsche Flotte zu einer letzten Entscheidungsschlacht gegen die Royal Navy auslaufen, obwohl die neu gebildete Reichsregierung unter Prinz Max von Baden bereits Friedensfühler ausgestreckt hatte. Auf der Reede vor Wilhelmshaven kam es in der Nacht vom

29. zum 30. Oktober zu Befehlsverweigerungen. Etwa 100 Matrosen wurden verhaftet und mit einem Geschwader, das nicht an der Meuterei beteiligt war, nach Kiel geschickt. Den Verhafteten drohten Kriegsgerichtsverfahren. Am 1. November erreichte das Geschwader Kiel, wo die Schiffsbesatzungen sich für die verhafteten Kameraden einsetzten, aber die Marineleitung lehnte die Freilassung der Meuterer ab. Daraufhin versammelten sich Matrosen, Gewerkschafter und SPD-Anhänger im Kieler Gewerkschaftshaus. Da die Polizei das Haus am nächsten Tag sperrte, kam es am 2. November zu einer Versammlung unter freiem Himmel. Hier wurde für den folgenden Tag zu einer Großdemonstration aufgerufen. Als bei dieser Versammlung eine Militärpatrouille Schüsse abfeuerte, erwiderten Bewaffnete unter den Demonstranten das Feuer. Sieben Personen wurden getötet, zahlreiche verletzt. Es war der Beginn der November-Revolution, die auch als Kieler Matrosenaufstand bekannt geworden ist.

Der Gouverneur von Kiel, Admiral Wilhelm Anton Souchon, forderte Verstärkung an. Aus Lübeck wurden 500 Mann per Bahn nach Kiel geschickt. Hier war ein Soldatenrat gebildet worden, dem Souchon sich beugte. Am 5. November liefen die Schlachtschiffe „Bayern", „Großer Kurfürst", „Kronprinz" und „Markgraf" in Travemünde ein. Man hielt die Lübecker Bucht wohl für ruhiger als die Kieler Förde. Einige Tage lagen die kampfstärksten Einheiten der Marine in Lübeck. Mannschaften der Schiffe diskutierten mit den in der Stadt stationierten Soldaten. Abends wurde auch hier ein Soldatenrat gewählt. Lübeck war damit nach Kiel die zweite deutsche Großstadt, die von der Revolution erfasst wurde.

Die Forderungen an den Stadtkommandanten waren die gleichen wie die in Kiel: Freilassung der Inhaftierten und politischen Gefangenen, Rede- und Pressefreiheit. In Lübecker Zeitungen appellierte der Soldatenrat an die Bevölkerung: „Seit heute Abend (5. November) liegt die Macht in unserer Hand. Wir erklären hiermit, dass mit unserer Sache den Kameraden an der Front wie hier in der Heimat gedient ist. Es muss mit den korruptiven Zuständen und der Militärdiktatur von gestern gründlichst aufgeräumt werden. Zweck unserer Sache ist sofortiger Waffenstillstand und Frieden ... Wir erwarten von der Bevölkerung bereitwilliges Mitwirken ... Wir warnen vor Ausschreitungen. Plünderungen und Diebstahl werden mit dem Tode bestraft. Die Lebensmittelverteilung bleibt in den Händen der Zivilverwaltung."

Im Haus der Gewerkschaften wurde am 8. November ein Arbeiterrat gebildet, der eigene Forderungen formulierte: Allgemeines Wahlrecht, Acht-Stunden-Arbeitstag, Einrichtung einer Arbeitslosenversicherung. Tags drauf (9. November) wurde in Berlin die Abdankung des Kaisers bekannt gegeben und die Republik ausgerufen. In der Lübecker Presse las man: „Der Arbeiterrat wird mit dem Soldatenrat gemeinsam handeln. Er wird zurücktreten, wenn die Verhältnisse es gestatten."

In Hamburg und Bremen setzten Soldatenräte den Senat ab. In Lübeck geschah dies nicht. Sicher hat die besonnene Haltung des seit 1917 amtierenden Bürgermeisters Emil Ferdinand Fehling dazu beigetragen. Der Jurist verkörperte zwar die alte Zeit, sagte jedoch Arbeiter- und Soldatenrat faire Zusammenarbeit zu. Er versprach, sich für das Wahlrecht einzusetzen. Am 20. Dezember wurde tatsächlich ein Gesetz zur Einführung allgemeiner, gleicher, geheimer, direkter Wahlen beschlossen. Der Versuch, den Kaufleuten eine gewisse Quote im Parlament zu sichern, wurde fallen gelassen. In Lübeck gab es keine weiteren Aufstände. Um Ruhe und Ordnung zu bewahren, wurde eine republikanische Soldatenwehr gebildet. Zwei Soldaten wurden bei Diebstählen ertappt und zur Abschreckung standrechtlich erschossen. Am 30. November 1918 kehrte das Regiment Lübeck zurück. Bei der Begrüßung war der Markt von schwarz-weiß-roten, weiß-roten (Farben der Hanse) und roten Fahnen geschmückt. Soldaten- und Arbeiterrat lösten sich im Frühjahr 1919 auf.

Parteien wirken mit

Aufgrund von Reichsgesetzen war eine neue Verfassung nötig. Sie wurde am 23. Mai 1920 erlassen. Neu waren Parteien im Parlament, das von 120 auf 80 Mitglieder verkleinert wurde.

Der Senat wurde von diesem Parlament, der Bürgerschaft, gewählt. Die zwölf Senatoren waren zum Teil hauptamtlich tätig. Sie wurden nicht mehr auf Lebenszeit, sondern immer nur für einige Jahre gewählt. Alle zwei Jahre wurden in der sogenannten Ratssetzung die Aufgaben neu verteilt. Allerdings blieb der Senat zunächst in alter Besetzung bestehen. Erst nach Freiwerden von Senatsstellen konnten Angehörige der Parteien (Sozialdemokraten, Deutsche Demokraten, Deutschnationale) in den Senat einziehen. Fehling blieb bis 1920 Bürgermeister. Ihm folgte bis 1926 Johann Martin Andreas Neumann (1865–1926).

Hungersnöte plagten die Bevölkerung im ersten Nachkriegsjahr. Volksküchen boten warme Mahlzeiten an. In den Schulen wurde die Quäker-Speisung nach Spenden aus Amerika eingerichtet. Da während des Krieges Flüchtlinge in die Stadt gekommen waren, herrschte zudem Wohnungsnot. In Gärten vor der Stadt errichteten Wohnungsbaugesellschaften neue Siedlungen. Nach den Entbehrungen des Krieges machte bald ein anderes Gespenst den Menschen zu schaffen, die Inflation. Im August 1923 kam es deshalb zu Plünderungen. Die Hafenbetriebe waren zum Erliegen gekommen. Bis zur Unterzeichnung eines Friedensvertrages (28. 6. 1919) hatten die Gegner Deutschlands den Hafen blockiert. Außerdem musste Lübeck laut Versailler Vertrag alle Handelsschiffe über 1600 Tonnen und die Hälfte der Schiffe mit einer Tragfähigkeit von 1000 bis 1600 Tonnen abliefern. Das bedeutete ein Schrumpfen der Tonnage von 53 000 Tonnen zu Beginn des Krieges auf 7650 Tonnen. Es dauerte Jahre, bevor die Hafenwirtschaft sich erholt hatte. Der einst florierende Handel mit Russland war durch das neue Regime dort bedeutungslos geworden. Beste Kunden waren nun die Skandinavier.

Die Weimarer Zeit

Lübecks stärkste politische Partei waren die Sozialdemokraten. Bei der Wahl zur Nationalversammlung vom 19. Januar 1919 errang die SPD 58,9 Prozent, gegenüber 37,9 Prozent im

An Ereignisse der Vergangenheit wurde auch in schweren Zeiten erinnert, zum Beispiel 1926 mit einer Flaggenparade zur 700-Jahr-Feier.

Reich. Ihr folgte die Deutsche Demokratische Partei DDP mit 30,8 Prozent (18,6 im Reich), die Deutsch Nationale Volkspartei DNVP mit 9,8 (im Reich 10,3) und die Deutsche Volkspartei DVP mit 0,4 Prozent (im Reich 5,5). Bei der drei Wochen später erfolgten Wahl zur Bürgerschaft sah es ähnlich aus. Die SPD errang 42 Sitze, DDP 29 und DNVP 6 Sitze.

Zum 1. Januar 1922 wurde aufgrund der Weimarer Verfassung die Trennung von Kirche und Staat vorgenommen. Inhaber der kirchlichen Obrigkeit war der Senat. Nun hieß es in einer Verordnung: „Die evangelisch-lutherische Kirche im Lübeckischen Staat ist eine Volkskirche. Die kirchliche Gewalt geht von der Gesamtheit der Mitglieder der Landeskirche aus. Sie wird in deren Auftrag vom Kirchentag (Synode) und von Kirchenrat ausgeübt.“ Vorsitzender des neuen Kirchenrates wurde Bürgermeister Neumann.

Wie unruhig die Zeiten waren, macht eine Episode um Neumann deutlich. Der sozialdemokratische „Volksbote“ erschien am 12. Mai 1926 mit einer Extraausgabe und verkündete, der als konservativ geltende Neumann sei an Putschvorbereitungen rechtsextremer Kreise beteiligt. Hintergrund war eine Freundschaft Neumanns mit dem Vorsitzenden des Alldeutschen Verbandes, Heinrich Claß, der sich den Kampf gegen die Republik auf die Fahnen geschrieben hatte. Claß war sowohl am Kapp-Putsch 1920 als auch am Hitler-Putsch 1923 beteiligt. Die Polizei hatte das Haus von Claß in Berlin durchsucht und dabei die Kopie eines Briefes an den Lübecker Bürgermeister gefunden, in dem Claß diesem das Amt des Kanzlers in einer von den Putschisten zu bildenden Reichsregierung anbot. Tags darauf veröffentlichte der bürgerliche „Lübecker Generalanzeiger" das Schreiben, mit dem Neumann dieses Ansinnen von sich gewiesen hatte, und mutmaßte, dass die Absage Neumanns bei der Hausdurchsuchung womöglich absichtlich übersehen worden sei. Trotzdem forderten die Sozialdemokraten seinen Rücktritt. Ein Misstrauensantrag von SPD und KPD war der Anlass für Neumann, sein Amt am 2. Juni 1926 niederzulegen. Nachfolger wurde der SPD-Kandidat Paul Löwigt (1873–1934).

Die Weltwirtschaftskrise

Die Weltwirtschaftskrise ab 1929 bereitete dem Wiederaufbau des Handels ein jähes Ende. Die Arbeitslosenzahlen in Lübeck schnellten in die Höhe, von 4150 im Jahr 1926 auf 9621 (1929), 11 705 (1930), 16 393 (1931) und 21 316 im Jahr 1932. Die Werften hatten kaum Aufträge. Die Produktion des Hochofenwerkes ging von 220 000 Tonnen Roheisen 1929 auf 40 000 Tonnen 1932 zurück. Der Umschlag im Hafen sank von 1,4 Millionen Tonnen um mehr als die Hälfte (610 000 Tonnen 1933). Jeder dritte Haushalt war von der Arbeitslosigkeit betroffen. Die Verschuldung der Stadt lag wegen steigender Soziallasten weit über dem Durchschnitt gleichgroßer Städte im Reich. Die Zahl radikaler Wähler nahm zu. 1930 hatten die Nationalsozialisten 15 385 Stimmen erhalten; das entsprach dem Durchschnitt reichsweit. Bei der Reichstagswahl vom 31. Juli 1932 hatten sie ihren Stimmenanteil auf 35 000 verdoppelt, lagen damit knapp vor der SPD.

Angestoßen von der Reichsverfassung von 1920, wurde die Eigenstaatlichkeit Lübecks diskutiert. Die Verfassung legte kleinen Staaten Grenzveränderungen nahe, „im Interesse des Reiches und der Bewohner". Für Lübeck wären als Partner die Länder Oldenburg und Ratzeburg infrage gekommen. Unruhen wegen der einsetzenden Inflation hatten die Diskussion nach 1920 in den Hintergrund gedrängt. Nun wurden drei Möglichkeiten diskutiert:

1. Anschluss an Hamburg. Hierfür wurde am 22. Mai 1931 der Entwurf einer „Verfassung für das Land der Freien und Hansestädte Hamburg und Lübeck" vorgelegt. Der Plan fand wenig Befürworter. Die Hamburger wollten die Schulden Lübecks nicht mittragen, die Lübecker fürchteten, nur ein Anhängsel der großen Schwester zu sein. 2. Anschluss an Preußen bei Erhalt eines möglichst großen Eigenlebens. 3. Ein „Land Nordmark", bestehend aus beiden Mecklenburger Staaten (Mecklenburg-Strelitz, Mecklenburg-Schwerin), der preußischen Provinz Schleswig-Holstein, dem Oldenburger Landesteil Lübeck-Eutin und der Hansestadt Lübeck.

Beschlossen wurde nichts. Bei der allgemeinen Politisierung des öffentlichen Lebens hatten Senat und Bürgerschaft dringendere Sorgen.

Die Nazis hatten in Lübeck lange Zeit eine Nebenrolle gespielt. Zu einer Gründungsversammlung der NSDAP waren am 9. April 1925 ganze 13 Teilnehmer erschienen. Es gab Konkurrenz auf dem rechten Flügel und zwar durch den Völkisch-Nationalen Block, der bei der Reichstagswahl 1924 immerhin 12,5 Prozent der Stimmen erhalten hatte. 1927 hatte die NSDAP 90 Mitglieder, aber die Jahre der wirtschaftlichen Not vergrößerten die Anhängerschaft. Nach der Bürgerschaftswahl vom 10. November 1929 zogen bereits sechs Abgeordnete ins Parlament, dessen Sitzungen sie zu heftiger Propaganda nutzten. Prominente Redner traten in der Stadt auf: Goebbels, Ley, Frick. Bei Aufmärschen der NSDAP wurden ganze Abteilungen aus Mecklenburg und Holstein herangefahren, um Stärke zu demonstrieren. Die braunen Trupps sprengten Versammlungen anderer Parteien, Saal- und Straßenschlachten häuften sich. Es gab Verletzte und fünf

Tote. Bei der Reichstagswahl vom 14. September 1930 errang die NSDAP schon 18,4 Prozent der Stimmen.

Im Oktober 1932 hatte Hitler in Lübeck sprechen wollen. Wegen mangelnder Sicherheit verweigerten die Behörden jedoch Plätze, auf denen die Kundgebung stattfinden sollte. Sie wurde daraufhin nach Bad Schwartau verlegt, vor die Tore der Stadt. In zwei Zirkuszelten sprach Hitler am 26. Oktober 1932 vor 40 000 Menschen. Ansonsten konnte „der Führer" mit Lübeck zufrieden sein. Bei der Reichstagswahl vom 31. Juli 1932 lag der Stimmenanteil der NSDAP bei 41,2 Prozent, im Reich bei 37,8, in Schleswig-Holstein sogar bei 51 Prozent.

Der Senat war den Nazis ein Dorn im Auge. In dieses Gremium gelangte man nicht durch Sitze in der Bürgerschaft. Die Senatoren waren zehn Jahre im Amt. Man musste warten. Die Fraktion der NSDAP stellte am 9. Januar 1933 einen Misstrauensantrag gegen den Senat. Er wurde mit knapper Mehrheit zurückgewiesen.

Lübeck unter dem Hakenkreuz

In Lübeck regierte der Senat mit Bürgermeister Löwigt an der Spitze weiter. Aber schon am Tag nach der Reichstagswahl vom 5. März 1933 wurde unter Androhung von Gewalt der Rücktritt des Bürgermeisters erzwungen. Hakenkreuzfahnen wehten am Rathaus, die aufmarschierten Nazis stimmten das Horst-Wessel-Lied an. Auf dem Buniamshof wurden Bücher verbrannt. Reichsinnenminister Frick setzte am 12. März Syndikus Dr. Friedrich Völtzer als Reichskommissar ein. Gauleiter Friedrich Hildebrandt, Reichsstatthalter für Mecklenburg, erhielt Lübeck als Zugabe. Er versprach der Stadt Selbstständigkeit, es sei denn, die Errungenschaften des Nationalsozialismus würden gefährdet. Hildebrandt setzte einen neuen Senat ein. Bürgermeister wurde sein Stellvertreter Otto-Heinrich Drechsler, der bis zum Zusammenbruch amtierte. Weitere Senatsmitglieder waren Friedrich Völtzer (Wirtschaft, Finanzen), Emil Bannemann, Mitbegründer der Lübecker NSDAP

(Arbeit, Wohlfahrt), Walther Schröder (Inneres), Ulrich Burgstaller (Schulen, Kultur) und Hans Böhmcker (Justiz). Am 22. Juli wurde die SPD verboten, die bürgerlichen Parteien lösten sich auf.

Leber und Solmitz

Führender Kopf der Lübecker Sozialdemokraten war Dr. Julius Leber (1891–1945), Journalist, seit 1924 Reichstagsabgeordneter. Ein Weggenosse Lebers, Fritz Solmitz, war am 11. März „in Schutzhaft" genommen worden. Er wurde als unverbesserlicher Linker im KZ Hamburg-Fuhlsbüttel gefoltert und starb unter ungeklärten Umständen am 19. September 1933. Am 23. März 1933 hatten die Nazis Leber vor dem Reichstag verhaften lassen, um seine Teilnahme an der Abstimmung über das Ermächtigungsgesetz zu verhindern. Leber wurde zunächst für 20 Monate ins Gefängnis gesteckt und bis 1937 ins KZ Sachsenhausen. Danach gehörte er dem Widerstand an. Schon vor dem 20. Juli 1944 wurde er erneut festgenommen, vom Volksgerichtshof zum Tode verurteilt und am 5. Januar 1945 hingerichtet.

Nach der Machtergreifung der Nazis erhielt Lübeck häufig Besuch aus Berlin, hier bei einer Kundgebung mit Alfred Rosenberg im Jahre 1939.

Lübecks Gewerkschaften wurden verboten, das Gewerkschaftshaus beschlagnahmt. Die Bürgerschaft wurde aufgrund des „Gesetzes über den Neuaufbau des Reiches“ vom 30. Januar 1934 aufgelöst. Da der Reichsrat als Kammer der Länder nicht mehr existierte, unterstand der Senat direkt der Reichsregierung. Wenige Jahre später, am 1. April 1937, verlor Lübeck durch das „Gesetz über Groß-Hamburg und andere Gebietsveränderungen“ nach 711 Jahren seine Selbstständigkeit und wurde in die preußische Provinz Schleswig-Holstein eingegliedert. Der Titel Hansestadt blieb Lübeck erhalten.

Die Stadt verlor ihre Exklaven in den angrenzenden Landgebieten. Sie verkleinerte sich von 300 auf 202 Quadratkilometer. Um Schlimmeres zu verhindern, waren vorsorglich bereits zum 1. Mai 1935 insgesamt 17 Orte und Ortsteile am Stadtrand eingemeindet worden: Beidendorf, Blankensee, Brodten, Dummersdorf, Ivendorf, Kronsforde, Krummesse, Moorgarten, Niederbüssau, Niendorf, Oberbüssau, Pöppendorf, Reecke, Rönnau, Teutendorf, Vorrade, Wulfsdorf.

Verwaltungsmäßige Umstellungen waren unausbleiblich. So fiel die Hälfte der Anteile der Hafen GmbH an Preußen, für angrenzende Kreise wurden die Lübecker Gerichte zuständig. In der Parteiorganisation wurde die Stadt von Mecklenburg getrennt und dem Gau Schleswig-Holstein mit Gauleiter Hinrich Lohse zugeschlagen. Laut preußischer Gemeindeordnung hatte die Stadt nun einen Oberbürgermeister. Verwaltungseinheiten waren Hauptverwaltung, Bau, Finanzen, Kultur, Soziales, Wirtschaft.

Die Zahl der Arbeitslosen sank, von 21 000 Anfang 1933 auf 3000 im Jahre 1936. Viele Männer fanden ab 1934 beim Bau der Autobahn Lübeck–Hamburg Beschäftigung. Sie wurde am 13. Mai 1937 eingeweiht. Stark ausgebaut wurde in den Stadtrandgebieten die Rüstungsindustrie. Später holte man Zwangsarbeiter aus dem Osten. Bei Kriegsbeginn waren hier 8300 Menschen beschäftigt, kurz vor Kriegsende 21 000.

Lübeck war seit 1911 Großstadt, hatte die 100 000 Einwohnergrenze überschritten. 1933 lebten 136 000 Menschen in der Stadt, 1939 waren es 155 000. Vor dem Eintreffen der Flüchtlinge, zu Beginn des Jahres 1945, waren 190 000 Menschen gezählt worden. Kasernen wurden gebaut. Lübeck durfte nach den Bestimmungen des Versailler Vertrag nur 400 Soldaten haben. Nach Einführung der Wehrpflicht waren es 5300. In der Stadt befand sich der Stab der 30. Division, zu der die Heeresverbände Schleswig-Holstein gehörten.

Auch auf kulturellem Gebiet gab es Änderungen. Die Museen, die die Gemeinnützige Gesellschaft unterhalten hatte, wurden verstaatlicht. Museumsdirektor Carl Georg Heise, ein Förderer der Moderne, wurde wegen „undeutscher Gesinnung" Ende 1933 entlassen. Aus den Sammlungen wurden Gemälde und Druckgrafiken aussortiert. Einige Bilder von Edvard Munch rettete Bürgermeister Drechsler. Auch die Gemeinnützige Gesellschaft wurde „gereinigt". Nicht-Arier waren von der Mitgliederleiste zu streichen.

Kirchentag und Kirchenrat lösten sich auf. Bei Kirchenwahlen am 23. Juli 1933 erhielten die Deutschen Christen, unterstützt von Propaganda aus dem Rathaus, eine deutliche Mehrheit. Senator Böhmcker berief im August 1934 den 33 Jahre alten Pastor Erwin Balzer auf das neu geschaffene Bischofsamt. Reichsbischof Müller führte ihn ein. Von den meisten Pastoren, die an der Berufung nicht beteiligt waren, wurde Baltzer abgelehnt. In ausgesprochene Opposition gingen neun Pastoren um Domprediger Erwin Schmidt und den streitbaren Wilhelm Jannasch, der zum Kreis um Martin Niemöller gehörte. Die Gruppe unterstellte sich dem hannoverschen Landesbischof August Marahrens. Dies alles führte zu häufigen Diffamierungen, Verboten und Hausarrest. Palmarum 1937 fuhren Eltern und Kinder nachts zu einer „Notkonfirmation" ins 40 km entfernte Mölln. Die Lübeck-Büchener-Eisenbahn stellte einen Sonderzug zur Verfügung. In Mölln konfirmierte ein Abgesandter von Bischof Marahrens die Mädchen und Jungen; ein später als unerhört bezeichneter Zwischenfall, der zu den Besonderheiten des Lübecker Kirchenkampfes zählt.

Zum Boykott jüdischer Geschäfte wurde seit 1933 aufgerufen. In der Pogromnacht vom 9./10. November 1938 wurden zahlreiche Geschäfte geplündert. Die Synagoge wurde verwüstet, aber nicht in Brand gesteckt; vermutlich wegen des

Palmarum 1942 bombardierten britische Geschwader die Altstadt. Wie Fackeln leuchteten die brennenden Türme von St. Marien.

angrenzenden St. Annen-Museums. Lübecks Juden, immerhin mehrere Hundert, wanderten aus oder wurden 1941 ins KZ Fasanenhof bei Riga oder nach Theresienstadt gebracht. Eine Frau und zwei Männer überlebten.

Die Bombennacht

Für Hellsichtige zeichnete sich der Beginn des Krieges ab. Luftschutzbunker wurden gebaut, Gasmasken und Lebensmittelkarten verteilt. In der Nacht zu Palmarum 1942, vom 28. auf den 29. März, war Lübeck das Ziel des ersten britischen Flächenangriffs auf eine deutsche Stadt. Die Engländer probierten die von Arthur T. Harris entworfene Technik des „area bombing", bei dem eng bebaute Altstädte mit Bomben belegt werden sollten. In der frostklaren mondhellen Nacht konnten die Bomber die von Wasserläufen umgebene Altstadt nicht verfehlen. Kurz nach 23 Uhr heulten die Sirenen. Um 23.15 Uhr traf die erste Welle von Flugzeugen ein. Die Angriffe endeten um 3.30 Uhr. Zwölf Flugzeuge wurden abgeschossen. 25 000 Stabbrandbomben, 400 Sprengbomben und 400 Flüssigkeitskanister waren abgeworfen worden. Die Innenstadt hatte sich in ein Flammenmeer verwandelt. Dem Polizeibericht zufolge waren 300 Tote zu beklagen, 800 Menschen wurden verletzt, 15 000 obdachlos. Rund ein Fünftel der alten Stadt war zerstört. Bis auf die Umfassungsmauern brannten St. Marien, St. Petri und der Dom aus. Ausgebrannt waren große Teile des Rathauses. Eins darf nicht vergessen werden: Hitler hatte Coventry im November 1940 bombardieren lassen. Lübeck war die Antwort.

Die Lübecker Märtyrer

Der Angriff hatte weitere Folgen. Am Palmsonntag (29. März 1942) sprach der Pastor der Lutherkirche angesichts der brennenden Stadt angeblich von einem Gottesgericht. Der genaue Wortlaut der Predigt ist nicht bekannt. Pastor Karl Friedrich Stellbrink wurde Anfang April verhaftet und zusammen mit drei katholischen Kaplänen, Johannes Prassek, Hermann Lange, Eduard Müller, vor Gericht gestellt. Der Volksgerichtshof schickte eigens eine Kammer nach Lübeck. Die vier Geistlichen wurden zum Tode verurteilt, wegen „Wehrkraftzersetzung“ und „Abhören von Feindsendern“. Am 10. November 1943, an Luthers Geburtstag, wurden die Todesurteile in Hamburg vollstreckt. Katholische und evangelische Christen gedenken ihrer Märtyrer jährlich in Gottesdiensten. Seit kurzem gibt es beim erzbischöflichen Ordinariat Hamburg Bestrebungen, die Seligsprechung der drei katholischen Geistlichen in die Wege zu leiten. Bisher war dieser Gedanke in Lübeck auf Ablehnung gestoßen. Man könne die vier Märtyrer, deren Blut unterm Fallbeil ineinander floss, nicht nachträglich trennen, wurde argumentiert, andererseits einen lutherischen Pastor nicht heilig sprechen.

Auf Vorschlag von Eric Warburg, dem Verbindungsoffizier von US Air Force und Royal Air Force, wurde Lübeck zum Internationalen Rot-Kreuz-Hafen erklärt. Carl Jacob Burckhardt, Präsident des Roten Kreuzes in Genf, setzte den Beschluss durch. Über Lübeck liefen ab 1944 die Transporte mit Hilfsgütern für britische Kriegsgefangene, wurde Gefangenenaustausch ins neutrale Schweden organisiert. Es gab zwar noch Angriffe auf Rüstungs- und Industriebetriebe, aber keinen wie den vom Palmsonntag 1942. Die Stadt ernannte Carl Jacob Burckhardt 1950 zum Ehrenbürger.

Das Kriegsende

In der Nähe Lübecks trafen sich gegen Kriegsende die Armeen der Alliierten. Die Russen überschritten Mitte April 1945 die Oder und rückten nach Mecklenburg ein. Die Briten kamen vom Rhein durch die Lüneburger Heide und über die Elbe nach Schleswig-Holstein. Churchill trieb seine Truppen zur Eile. Er wollte verhindern, dass die Russen über Schleswig-Holstein Dänemark befreiten. Lübeck sei eine wichtige strategische Position für Verhandlungen, schrieb Außenminister Eden an Feldmarschall Montgomery. In Lübeck fand in der Nacht vom 23. auf den 24. April 1945 in der Villa Eschenburg eine Geheimkonferenz statt. Reichsführer SS Heinrich Himmler traf sich ohne Wissen Hitlers mit dem Vizepräsidenten des schwedischen Roten Kreuzes, Graf Folke Bernadotte. Himmler überreichte ein Waffenstillstandsangebot zur Weiterleitung an die West-Alliierten. Gegen die Russen wolle man weiter kämpfen. US-Präsident Truman lehnte ab. Er wollte eine Gesamtkapitulation an allen Fronten.

Lübecks letzter Kommandant, Generalmajor Kurt Lottner, hatte den Befehl, die Stadt bis zum letzten Mann und Stein zu verteidigen. Lottner war schwer verwundet, hatte das Amt jedoch übernommen, weil er die Stadt retten wollte. In den letzten Apriltagen ließ er die Sprengladungen an 60 Brücken und fünf Kilometer Kaianlagen entfernen. Der führertreue General Gollnick, der am 1. Mai in Lübeck eintraf und auf Truppen wartete, tobte. Er drohte, Lottner erschießen zu lassen. Es war ein Wettlauf mit der Zeit. Die Engländer trafen vor Gollnicks Soldaten ein, am 2. Mai gegen 14 Uhr. Da sie Widerstand befürchteten, wurde geschossen, bevor Lottner sich in britische Gefangenschaft begeben und die Kämpfe beenden konnte.

Tragödie in der Lübecker Bucht

Eine besonders tragische Geschichte trug sich am 3. Mai in der Lübecker Bucht zu. Über Lübeck waren etwa 9000 Insassen des KZ Neuengamme und anderer Lager an die Küste gebracht worden. Schiffe sollten sie endgültig in die Freiheit bringen. Im britischen Hauptquartier war offenbar die Meldung geglaubt worden, die Reste der Wehrmacht wollten sich absetzen. Britische Bomber griffen die vor Neustadt/Holstein liegenden Schiffe „Cap Arcona“, „Thielbek“ und „Athen“ an. Etwa 7000 ehemalige Häftlinge fanden den Tod. Noch Monate später wurden Knochen an die Strände der Lübecker Bucht gespült.

Die deutschen Truppen in Norddeutschland kapitulierten am 5. Mai 1945. Nach Schleswig-Holstein flohen danach fast eine halbe Million Menschen vor den Sowjets.

Wiederaufbau: Die Zeit nach 1945

Unter britischer Verwaltung

Lübeck gehörte nach dem Zusammenbruch zur britischen Besatzungszone. Zum 1. Juli 1945 wurde nach den Beschlüssen der Konferenz von Jalta die Teilung Deutschlands vollzogen. Das bedeutete zunächst eine Verschiebung der bei Kriegsende bestehenden Grenze. Den westlichen Teil Mecklenburgs hatten die Engländer erobert. Sie zogen sich bis Lübeck und an die Grenze des Kreises Lauenburg zurück und überließen Teile Mecklenburgs der Roten Armee. Gerüchte hierüber lösten eine weitere Fluchtwelle aus.

Bis 1952 gab es im Stadtgebiet einen Zonenübergang zwischen dem Stadtteil Eichholz und dem mecklenburgischen Herrnburg. Viele Menschen nutzten die noch nicht hermetisch geschlossene „grüne Grenze“, um im ländlichen Gebiet im Osten Lebensmittel zu tauschen. In der überfüllten Stadt war die Versorgungslage äußerst angespannt. Der Schwarzmarkt blühte. Im April 1947 fand sogar eine Hungerdemonstration statt, zu der die Gewerkschaften aufgerufen hatten. Etwa 10 000 Personen beteiligten sich.

Schleswig-Holstein hatte besonders viele Flüchtlinge aufzunehmen. Millionen Vertriebene aus den deutschen Ostgebieten und aus der Tschechoslowakei wurden sehr unterschiedlich auf Westdeutschland verteilt. In Schleswig-Holstein lebten 1939 etwa 1,6 Millionen Menschen. 1948 waren es bereits 2,7 Millionen.

Im Herbst 1945 kamen weitere Flüchtlinge. Nach der Potsdamer Konferenz vom Juli/August wurden Menschen aus den sowjetisch besetzten Ostgebieten vertrieben und durch Polen ersetzt. Viele wurden in unheizbaren Waggons transportiert. Auf jedem Transport gab es Tote. Im Waldhusener Forst im Norden Lübecks diente das Lager Pöppendorf als Aufnahme- und Durchgangsstation. Mehr als 600 000 Menschen wurden hier registriert und auf Städte und Landkreise verteilt. Auch jene 4000 Juden, die im Herbst 1947 mit der „Exodus“ nach Palästina auswandern wollten und von den Briten nicht ins Land gelassen wurden, kamen nach Pöppendorf.

Bei einer Volkszählung im Januar 1948 waren von knapp 250 000 Lübeckern 40 Prozent Heimatvertriebene. Rund um den Stadtkern entstanden Barackenlager, 37 an der Zahl. Für alle Menschen Wohnraum zu schaffen, schien unlösbar. Das im September 1945 gegründete Evangelische Hilfswerk, andere kirchliche Einrichtungen und die Arbeiterwohlfahrt bemühten sich nach Kräften, mit warmen Mahlzeiten zu helfen.

Es dauerte Jahre, bis die Barackenlager nach und nach aufgelöst werden und die Menschen in neue Siedlungen umziehen konnten.

Es gab auch Lager, in denen Tausende von Polen lebten, verschleppte Zwangsarbeiter der Rüstungsbetriebe. Ihre Repatriierung begann erst Monate nach Kriegsende. Bei ihnen

75 Jahre lang war das Hochofenwerk Zentrum des Stadtteils Kücknitz-Herrenwyk. Inzwischen rauchen die Schornsteine nicht mehr. Die Aufnahme entstand 1915, zehn Jahre nach der Gründung. Im Vordergrund der Fischereihafen von Schlutup.

brach Hass auf ehemalige Peiniger auf. Raubüberfälle und Morde wurden in einer Zahl verübt, wie es das nie gegeben hatte. Doch die deutsche Polizei durfte die Ausländerlager nicht betreten, und die Militärregierung war offenbar machtlos. Allein im November 1945 wurden 19 Morde verübt. Die Zahl der Überfälle in jenem Monat wird von der Polizei mit 378 angegeben. In den zweieinhalb Jahren zwischen Kriegsende und Dezember 1947 wurden in Lübeck 109 Menschen umgebracht, darunter 14 Polizisten.

Neubeginn

Zu den Männern, die bald nach der Stunde Null an die Wiederherstellung normaler Verhältnisse gingen, gehörten Emil Helms und Otto Passarge. Helms (1884–1965) war am 31. Mai 1945 als Oberbürgermeister eingesetzt worden, von 1946–1950 bekleidete er das Amt des Oberstadtdirektors. Otto Passarge (1891–1976) wurde am 1. August 1945 zum Polizeipräsidenten berufen, von 1946–1956 war er Bürgermeister. Er baute eine vertrauensvolle Zusammenarbeit mit dem Chef der Militärregierung, Gerald Sullivan, auf. Ende November tagte erstmals die von den Briten ernannte neue Bürgerschaft. Parteien und Gewerkschaften gründeten sich wieder. Grundlage war eine Verfassung vom 13. April 1946 nach britischem Muster. Sie wurde 1950 von der schleswig-holsteinischen Gemeindeordnung abgelöst. Versuche der Bürgerschaft, bei der staatlichen Neuordnung Deutschlands die Selbstständigkeit zurück zu erhalten, scheiterten. Man wollte derart kleine Länder nicht. Auch der Parlamentarische Rat lehnte am 24. Februar 1949 einen entsprechenden Antrag ab. Die „Vaterstädtische Vereinigung“ versuchte es noch einmal durch Beschwerde beim Bundesverfassungsgericht. Das BVG folgte mit seinem Spruch vom 5. Dezember 1956 den Argumenten des Parlamentarischen Rates. Lübeck war Teil Schleswig-Holsteins, eine von vier kreisfreien Städten.

Zurückgekehrt sind die alten Titel. Die Verwaltung wird vom Bürgermeister geleitet, während der Stadtpräsident der

Bürgerschaft vorsteht. Die Fachdezernenten tragen wie zu Konsul Buddenbrooks Zeiten den Titel Senator.

Obwohl die Behebung der Wohnungsnot und die Versorgung mit Lebensmitteln vorrangige Ziele waren, wurden nach und nach auch die in Trümmern liegenden Kirchen wieder aufgebaut. Zunächst konzentrierte sich die Kirchenbauhütte auf die Rettung von St. Marien. Die Mutterkirche der nordeuropäischen Backsteingotik gilt als Denkmal von nationaler Bedeutung. Mit Sondergenehmigung der Militärregierung wurden in Salzgitter Stahlanker gegossen, die die fast 40 Meter hoch aufragenden Mittelschiffswände zusammenhalten. Am 4. Advent 1959 erhielt die Gemeinde das Gotteshaus zurück, ein Weihnachtsgeschenk für die ganze Stadt. Zur 700-Jahrfeier des vermuteten Baubeginns der gotischen Kirche war 1951, noch mitten im Wiederaufbau, Konrad Adenauer gekommen. Der erste Kanzler der Bundesrepublik brachte als Geschenk die schwerste Glocke mit, den neuen Puls. Reste der beiden größten Glocken liegen so, wie sie Palmarum 1942 herabstürzten, in den Fußboden des Süderturmes eingegraben.

Nach der Fertigstellung von St. Marien erhielt die nur 200 Meter entfernte Petrikirche ein Notdach. Dann zog die Bauhütte zum Dom. Auch hier dauerte der Wiederaufbau nahezu eineinhalb Jahrzehnte. Dabei gingen die Bauleute davon aus, dass der gewaltige Ostchor unwiederbringlich verloren sei. Die Reste sollten als Mahnmal stehen bleiben. Um zu beweisen, dass die Säulenstümpfe morsch seien, spannte man Raupenschlepper davor. Die Seile rissen, die Säulen standen. Ein Hamburger Notar gründete die „Stiftung Dom zu Lübeck“. Sie setzte Impulse zum Wiederaufbau des Ostchores. Zur Erinnerung sind seither romanisches Langhaus und gotischer Chor durch eine Glaswand getrennt.

Hunger nach Kultur

Obwohl man meinen könnte, die Menschen hätten nach dem Zusammenbruch wegen existentieller Nöte keine „höheren Interessen“ gehabt, sagt der Blick in die Statistik etwas anderes. Im Winter in Mänteln und mit Wärmflaschen kam man in Konzerte und Theateraufführungen. In unzerstörten Kirchen gab es Konzerte. Da das Theatergebäude von den Briten benutzt wurde, diente der Saal des Kolosseums für Schauspiel- und Opernaufführungen. Hier und im Saal der Loge fanden Abende statt, an denen Elly Ney, Walter Gieseking, Wilhelm Kempff und andere auftraten. 1946 gab es 30 Sinfoniekonzerte von heimgekehrten Musikern, die der neu berufene Generalmusikdirektor sammelte. Die Zahl der Kammermusiken und Solistenkonzerte ging 1946 über die 100 hinaus. Volkshochschule und Stadtbücherei erlebten einen Ansturm. Ab April 1946 durften auch die Tageszeitungen, Lübecker Nachrichten und Lübecker Freie Presse, wieder erscheinen.

Mit der Währungsreform vom 20. Juni 1948 änderte sich die Versorgungssituation schlagartig. Plötzlich waren wieder Waren in den Läden. Ab 1950 griff die Hilfe des Marshallplanes. Bei den Wahlen zur Bürgerschaft gab es zwei gleichstarke Gruppen von SPD und CDU. Die FDP spielte bisweilen Zünglein an der Waage. Für einige Jahre hatte der BHE, der Bund der Heimatvertriebenen und Entrechteten, eine wichtige Rolle inne. Die Partei trat allerdings nach 1960 nicht mehr an.

Die letzten britischen Soldaten verließen Lübeck im Herbst 1950. An der Grenze zur DDR zog der Bundesgrenzschutz ein, die Polizei des Bundes. 1956 wurde die Stadt Bundeswehrstandort. 1952 schlossen die Sowjets den Grenzübergang Eichholz/Herrnburg. Lübeck war total vom mecklenburgischen Hinterland abgeschnitten. Ein neuer Übergang wurde erst zum 1. März 1960 in Schlutup eröffnet. Gelegentlich hörte man in grenznahen Bereichen Explosionen, wenn Tiere im Sperrgebiet auf Minen getreten waren.

Nur langsam ging in Lübeck die Zahl der Arbeitslosen zurück. Im Herbst 1949 waren es mehr als 25 000, 10,6 Prozent der Bevölkerung gegenüber 6,4 in der Bundesrepublik. Die drückend hohen Soziallasten der Stadt wurden zum Teil durch die sogenannte Zonenrandförderung getragen. 1960 gab es nur noch wenige Arbeitslose. Jetzt wurden sogar Gastarbeiter angeworben, für die die Kirchen und die Arbeitwohlfahrt (AWO) die Betreuung übernahmen, die evangelische Kirche für die Griechen, die katholische Caritas für Gäste aus Italien und Spanien, die AWO für die Türken.

Mit steigendem Wohlstand sank die Einwohnerzahl. Wer es sich leisten konnte, erfüllte sich den Traum vom eigenen Häuschen im Grünen und zog in angrenzende Landkreise. Von der Höchstzahl im Jahr 1968, nämlich 243 121 Einwohner, hat sich die Zahl bei 214 000 eingependelt. Nur etwa 14 000 Menschen leben noch auf der Altstadtinsel, die meisten in neuen Wohnvororten. Für alle jedoch ist der Stadtkern das eigentliche Lübeck, das man für den Besuch von Behörden oder kulturellen Veranstaltungen aufsucht.

Fährverkehr, Flughafen, Tourismus

Wie früher ist der Hafen wieder der bedeutendste Ostseehafen Deutschlands. 1950 waren die Umschlagszahlen von 1938 überschritten. 1955 wurden im abgehenden und ankommenden Verkehr fast 3 Millionen Tonnen erreicht, 1965 waren es 4,5 Millionen, 1970 gut 8 Millionen. Inzwischen liegt der Umschlag jährlich bei 27,5 Millionen Tonnen. Direkt und indirekt finden heute etwa 5000 Menschen im Hafen ihr Auskommen.

Große Bedeutung hat der Fährverkehr über die Ostsee. Der Skandinavienkai ist einer der größten Fährhäfen Europas, obwohl inzwischen einige Linien nach Rostock umgezogen sind. Dafür sind nach dem Fall des Eisernen Vorhangs 1989 Ostblockländer neu in die Fahrpläne aufgenommen worden. Auch der Luftverkehr wurde 1990 wieder in Betrieb genommen. Das war wegen der unmittelbaren Nähe der deutsch-deutschen Grenze vor der Wende nicht möglich. 2005 wurden rund 700 000 Fluggäste abgefertigt. Einem weiteren Ausbau des Flughafens Lübeck-Blankensee stehen momentan Klagen der Anwohner und von Naturschutzverbänden entgegen.

Von Belang für Lübeck ist nach wie vor die Nahrungsmittelindustrie. Der Konservenhersteller ERASCO und die Firma Niederegger mit ihrem in alle Welt exportierten „Lübecker Marzipan“ wären als Beispiele zu nennen.

Lübeck wurde 1987 in die Liste des Weltkulturerbes der UNESCO aufgenommen. Der auf diese Weise ausgezeichnete Bereich umfasst die gesamte Altstadt, mit Ausnahme der nach

Exportschlager seit Jahrhunderten ist Lübecker Marzipan. Es wird zum Teil mit alten „Modeln" geformt.

1950 neu erbauten Straßenzüge. Einmalig ist bisher, dass auch der archäologische Untergrund der Altstadt Bestandteil des Weltkulturerbes ist

Bei Tagesausflüglern steht Lübeck an der Spitze der Städte in Schleswig-Holstein. Nicht nur zur Sommerzeit, sondern auch zu den Weihnachtsmärkten. Der beliebteste, zu dem man sogar Eintritt zahlt, findet im Heilig Geist Hospital statt. In die alten Kabäuschen, die Verschläge, in denen die Bewohner, getrennt nach Männern und Frauen einst lebten, ziehen für zwei Adventswochen Kunsthandwerker ein.

Die Kirchenmusik schweigt in Lübeck auch im Sommer nicht. Fast täglich gibt es Orgelkonzerte in einer der alten Kirchen. Das Schleswig-Holstein Musik Festival hat seine Intendanz in Lübeck, das mit der Musik- und Kongresshalle seit 1994 einen akustisch hervorragenden Konzertsaal besitzt. Lübecks Musikhochschule, die einzige im nördlichsten Bundesland, ist in einem ganzen Altstadtblock untergebracht, in 22 ehemaligen großen Kaufmannshäusern.

Hansetage der Neuzeit
Seit 1980 gibt es alljährlich wieder Hansetage, Hansetage der Neuzeit. 1980 wurde zu einem ersten derartigen Treffen nach Zwolle in den Niederlanden eingeladen. Anlass war die 750-Jahrfeier der Stadt. Vertreter von 43 Städten kamen, die meisten aus Deutschland, aus Berlin, Bocholt, Bremen, Buxtehude, Dortmund, Duisburg, Emmerich, Goslar, Hamburg, Hameln, Herford, Kiel, Lübeck, Lüneburg, Lünen, Münster, Neuss, Osnabrück, Soest, Solingen, Stade. Schweden war durch Kalmar, Norwegen mit Bergen, Italien mit Venedig und die Niederlande mit Arnhem, Bolsward, Deventer, Doesburg, Elburg, Groningen, Harderwijk, Hasselt, Hattem, Kampen, Nijmegen, Oldenzaal, Ommen, Stavoren, Tiel, Venlo, Zaltbommel, Zutphen und Zwolle vertreten. Den Vorsitz der offiziellen Tagungen führte, wie in alten Zeiten, der Lübecker Bürgermeister. Fragen der Stadtsanierung, des Tourismus, moderner Städteplanung und ähnliches wurden diskutiert. 1998 wurde in Visby eine Jugendorganisation „Youth Hansa“ begründet. Seit 2000 gibt es eine Satzung, die von allen Mitgliedsstädten einzuhalten ist. Der 26. Hansetag der Neuzeit fand im Juni 2006 in Osnabrück statt. Offizielles Symbol der neuen Hansetage ist eine stilisierte Kogge mit weiß-rotem Segel.

Grenzöffnung 1989

Mehr als 40 Jahre lang war Lübecks Stadtgrenze nach Osten in voller Länge Staatsgrenze. Verminte Todesstreifen, Wachtürme, Hundepatrouillen sollten Fluchtversuche vereiteln. Es war ein unbeschreibliches Bild, als im November 1989 die Grenze geöffnet wurde. Am Tag nach der Bekanntgabe, am 10. November 1989, waren die Straßen mit „Trabis“ zugeparkt. In der Stadt roch es nach dem typischen Zweitaktgemisch dieser Trabanten. Die Polizei hörte auf, Strafzettel zu schreiben. In den Geschäften stieg der Umsatz sprunghaft; es gab ja westliches Begrüßungsgeld. Waren, die es in der DDR nicht gegeben hatte, Bananen zum Beispiel, wurden staudenweise gekauft. Eine Lübeckerin, die zufällig eine Staude gekauft hatte, wurde auf dem Heimweg dreimal zum Mittagessen eingeladen. Man hielt sie für eine Ostdeutsche. Die Jakobi-

Kirchengemeinde hielt den ganzen Winter über ihr Gemeindezentrum als Kaffee- und Wärmestube offen. Beim ersten Ansturm der Trabis lag auf einem solchen Gefährt in der belebten Holstenstraße Kleingeld auf einem Zettel. Darauf stand: „Wir haben unser Taschengeld zusammengelegt und freuen uns, dass ihr hier seid. Klasse 5b".

Rührende Szenen spielten sich ab, als am 16. Dezember 1989 der 1952 geschlossene Weg von Herrnburg nach Eichholz wieder geöffnet wurde, zunächst für Fußgänger. Dies sollte um 8 Uhr morgens geschehen. Schon um 7 Uhr wanderten Scharen von Lübeckern zur Grenze. Die Polizei stoppte lange vor dem Grenzpunkt die Autos, um ein Chaos zu verhindern. Punkt 8 Uhr erschienen rund tausend Mecklenburger. Zwei Spielmannszüge marschierten mit. Lübecks Bürgermeister begrüßte die offiziellen Vertreter „von drüben" mit weißen Nelken und Rotspon. Fremde Menschen lagen sich in den Armen. Die Pastoren von Eichholz und Herrnburg, Enno Janssen und Johannes Wunderlich, die sich bis dahin nicht besuchen konnten, lernten sich kennen.

Inzwischen ist die Euphorie dem Alltag gewichen. Die Grenzanlagen am Übergang Schlutup sind abgebaut worden. Die Stadt hat der Bundesvermögensverwaltung das Gebäude der Grenzkontrollstelle abgekauft und es dem „Förderverein Grenz- und Schlutup-Museum" überlassen. Dort soll eine Dokumentationsstelle ausgebaut werden. Eine Fotoausstellung erinnert an die Jahrzehnte der deutsch-deutschen Teilung.

Lübeck nach der Jahrtausendwende

In Lübeck lässt es sich gut leben. Zum besonderen Flair trägt die gewachsene Altstadtstruktur mit ihren Gassen und Gängen bei. Selbst einige Wunden, die der zweite Weltkrieg geschlagen hat, lassen eine gediegene Behaglichkeit zu. Der Altstadtsanierung haben sich Behörden und Privatleute gleichermaßen verschrieben. Dabei gelten die Ziele noch immer, die in den sechziger Jahren formuliert wurden: die Innenstadt als Kulturdenkmal zu erhalten und Lübeck insgesamt als Wirtschaftszentrum der Region zu stärken.

Die Idee der Nachkriegsjahre, eine autogerechte Stadt zu schaffen, ist begraben. Das genaue Gegenteil, nämlich die gesamte Altstadt vom Autoverkehr freizuhalten, hat sich ebenfalls als Utopie erwiesen. Stattdessen ist Verkehrsberuhigung angesagt. Das Einkaufserlebnis wird dadurch kaum geschmälert, dass nicht jeder überall mit dem Wagen vorfahren kann. Von den Parkplätzen am Rande der Altstadt bis zu den Geschäften sind nämlich nur maximal 500 Meter zurückzulegen.

Neue Architektur sorgt immer wieder für heftige Diskussionen in der Stadt. Jüngstes Beispiel hierfür ist der Neubau des Architekten Christoph Ingenhoven an der Westseite des Marktes, wo ein modernes Kaufhaus in unmittelbarer Nähe von Rathaus und Marienkirche entstand. Viele Bürger waren dagegen, meldeten sich aber erst lautstark zu Wort, als die Sache beschlossen war. Andere halten dagegen: Eine Stadt sei kein Museum, und in früheren Zeiten habe man viel rigoroser Altes durch Neues ersetzt.

Nach der Wiedervereinigung hofften viele Geschäftsleute auf die Rückkehr von Käufern aus dem benachbarten Mecklenburg. Allzu zahlreich strömen die Kunden von dort nicht, bei ihnen gibt es auch Einkaufsmöglichkeiten. Aber Lübecks Innenstadt ist gerade in jüngster Zeit Ziel von Investoren gewesen. Seit 1994 gibt es die Passage in der Königstraße mit

30 Fachgeschäften. Am Hauptbahnhof ist 2003 mit den „Linden-Arcaden“ ein Handels- und Dienstleistungszentrum entstanden. 2005 wurde das Textilkaufhaus am Markt eröffnet. Ins Kanzleigebäude, einem Teil des Rathauses, ist eine kleine Einkaufspassage eingezogen. 2008 soll ein neues Haerder-Center in der Nähe des Marktes entstehen.

Beim kulturellen Angebot ist Lübeck unbestritten Zentrum der Region. Museen und Galerien, das Stadttheater mit Oper und Schauspiel, private Bühnen, Konzerte und andere Veranstaltungen in der Musik- und Kongresshalle, die Kirchenmusik, die Programme der Musikhochschule strahlen aus. Bei der 1994 eingeweihten Musik- und Kongresshalle, die die Lübecker fast liebevoll MuK nennen, gab es zunächst ebenfalls Einwände: Zu modern sei das, was der Hamburger Architekt Meinhard von Gerkan entworfen habe. Die Bauverwaltung konterte: Das langgestreckte Gebäude am Westufer der Trave sei als bewusster Kontrast zur Altstadtbebauung aufzufassen.

Viel Geld investiert die Stadt in die Häfen. Lübeck ist mit Abstand der bedeutendste deutsche Ostseehafen. Am Skandinavien-Kai von Travemünde wird das 50 Hektar umfassende Gelände erheblich erweitert, um fast ein Drittel, was einen Kostenaufwand von 84 Millionen Euro erfordert. 2007 soll diese Maßnahme abgeschlossen sein. Travemünde selbst verfolgt das Ziel, wie in alten Zeiten die Nummer Eins unter den Ostseebädern zu werden. Zwei neue Fünf-Sterne-Hotels sind 2005 eingeweiht worden, das „Columbia“ und das „Arosa Resort“. Auf dem Priwall, dem Ortskern Travemündes gegenüber, sollen bis zum Jahr 2015 sechs Feriendörfer mit insgesamt 110 Häusern entstehen.

Zwar ist die Arbeitslosigkeit hoch, sie betrug im Schnitt der letzten Jahre rund 15 Prozent. Wirtschaftlich profitiert die Stadt jedoch nach Auflösung des Warschauer Paktes vom Anstieg des Warenverkehrs auf der Ostsee. Lübeck gehörte 1991 zu den Gründungsmitgliedern der UBC, der Union of the Baltic Cities, die 2006 bereits 100 Mitglieder zählte. Ohne Zwischeninstanzen wie Regional- oder Landesregierungen berät die UBC gemeinsam interessierende Fragen zur Wirt-

Im Jahre 1994 wurde die Musik- und Kongresshalle, kurz MuK genannt, eingeweiht. Sie bildet einen Kontrast zur Architektur der Altstadt am gegenüberliegenden Ufer der Trave.

schaft, zum Tourismus, zur Stadtsanierung, zum Verkehr. Viele Mitglieder der UBC sind ehemalige Hansestädte; das ergibt eine Zusammenarbeit fast wie in alten Zeiten.

Zeittafel

vor 817	Alt-Lübeck (Liubice) am Zusammenfluss von Trave und Schwartau gegründet; ringwallgeschützte Herrscherburg
ab 1043	Obotritenfürst Gottschalk, zum Christentum übergetreten, herrscht in Alt-Lübeck
1066	Fürst Gottschalk in Lenzen an der Elbe ermordet, in Wagrien werden 60 Priester getötet
1093	Schlacht bei Schmielau gegen Kruto; Gottschalks Sohn Heinrich heiratet Krutos Witwe, tritt Herrschaft an
1101	Lothar von Süpplinburg belehnt Graf Adolf I. von Schauenburg mit Holstein und Stormarn
1130	Adolf II. tritt die Nachfolge seines Vaters an
1143	Adolf II. gründet auf dem Hügel Buku die Stadt Lübeck, überträgt den Namen Liubice auf die neue Siedlung
1147	Überfall von Niklot auf Lübeck
1150	Bischof Vicelin aus Oldenburg weiht Altar in Lübeck
1156	Heinrich der Löwe verbietet den Fernhandel in Lübeck
1157	Lübeck brennt ab
1159	Neugründung Lübecks durch Heinrich den Löwen
1160	Bischof Gerold verlegt Sitz von Oldenburg nach Lübeck
1163	Weihe des ersten, hölzernen Bischofskirchleins
1170	Johannes auf dem Sande, erste Steinkirche, geweiht
1173	Grundsteinlegung zum Dom
1177	Gründung des Johannisklosters
1181	Friedrich I. Barbarossa besucht Lübeck
1188	Barbarossa verbrieft der Stadt Rechte (Barbarossa-Privileg)
1201	Dänenkönig Knut VI. besiegt Adolf III.; Lübeck wird dänisch ab 1202 unter Waldemar II.
1223	Graf Heinrich von Schwerin nimmt Waldenmar II. gefangen; Lübeck sagt sich 1225 von Waldemar los
1226	Friedrich II. bestätigt das Barbarossa-Privileg, stellt Lübeck den Reichsfreiheitsbrief aus
1227	Sieg norddeutscher Fürsten und Lübecks über Waldemar II. bei Bornhöved
1227	Älteste erhaltene Handschrift des Lübecker Rechts
1251, 1276	Brände vernichten große Teile der Stadt; Anordnung in Stein zu bauen
1329	Lübeck erwirbt Travemünde, um die Hafeneinfahrt besser zu schützen
1350	Die Pest fordert viele Todesopfer
1356	Erster allgemeiner Hansetag in Lübeck

1361–1365	Krieg gegen Dänenkönig Waldemar IV.
1370	Friede von Stralsund zwischen Hanse und Dänemark
1375	Kaiser Karl IV. besucht Lübeck (20.–30. Oktober)
1380	Erste Aufstände gegen die Herrschaft des Rates
1384	Knochenhaueraufstand; Hinrich Paternostermaker scheitert
1398	Eröffnung des Stecknitzkanals, der eine Verbindung zwischen Elbe und Ostsee herstellt (Lüneburger Salz)
1405	Bildung eines bürgerlichen 60er-Ausschusses
1408	Spannung zwischen neuem und altem Rat
1410	König Ruprecht verhängt die Reichsacht über Lübeck
1415	Rückkehr des alten Rates
1444	Bau des Burgtores
1478	Bau des Holstentores
1515	Weihe des St. Annenklosters
1519/1520	Gustav Wasa von Schweden als Flüchtling in Lübeck
1528	Die evangelischen Prediger Johann Wallhoff und Andreas Wilms werden ausgewiesen
1529	„Singekrieg“ in St. Jakobi
1530	Der Rat stimmt Einführung der Reformation zu; Johannes Bugenhagen kommt nach Lübeck, bleibt bis Ostern 1532
1531	Neue Stadt- und Kirchenordnung wird verkündet (31. Mai); Errichtung der ersten bürgerlichen Lateinschule; Jürgen Wullenwever ist Sprecher der Bürgerlichen im Rat
1533	Bürgermeister Wullenwever und sein Hauptmann Markus Meyer führen Kaperkriege gegen Holland
1534	Wullenwever führt Krieg gegen Dänemark; Dänen sperren die Trave
1535	Wullenwever verlässt Lübeck, wird bei Bremen verhaftet; Bürgermeister Brömse kehrt zurück
1537	Wullenwever wird in Wolfenbüttel hingerichtet (24. September)
1595–1604	Bau neuer Bastionen im Westen der Stadt
1603	Lübecker Delegation bei Zar Boris Godunow
1648	Westfälischer Friede bestätigt Lübecks Reichsunmittelbarkeit
1667	Dietrich Buxtehude wird Marienorganist (bis 1707)
1669	Bürgerrezess ordnet Stadtregiment neu; Letzter Hansetag
1685	Französische Glaubensflüchtlinge kommen (Hugenotten)
1716	Zar Peter der Große zu Besuch in Lübeck
1752	Bau des ersten Stadttheaters in der Beckergrube
1789	Gründung der Gesellschaft zur Beförderung gemeinnütziger Tätigkeit („Gemeinnützige“)

1792	Die Göttinger Professorentochter Dorothea Schlözer, Deutschlands erster weiblicher Doktor der Philosophie, heiratet den späteren Bürgermeister Matthäus Rodde
1802	Gründung eines Seebades in Travemünde
1806	Kampf um Lübeck (6. November); Preußen unter Blücher werden von Napoleons Truppen geschlagen; Kapitulation Blüchers am 7. November in Ratekau; Beginn der Franzosenzeit
1811	Lübeck wird Teil des französische Kaiserreiches
1813	Ende der Franzosenzeit
1815	Lübeck wird Mitglied im Deutschen Bund
1820	Oberappellationsgericht der 4 Freien Städte nimmt Arbeit in Lübeck auf
1826	Erster Gottesdienst in der Reformierten Kirche
1847	Kopenhagen gestattet nach langen Verhandlungen Bau der Eisenbahn Lübeck–Büchen
1847	Allgemeines Deutsches Sängerfest (16.–29. Juni); Zweite Deutsche Germanistenversammlung (25.–28. September)
1848	Jurist Ludwig Wiederhold und Pädagoge Ernst Deecke vertreten Lübeck auf der Frankfurter Nationalversammlung
1848	Neue Verfassung für Lübeck, erste Wahlen
1851	Eröffnung der Eisenbahn Lübeck–Büchen
1853	Gründung der Handelskammer
1854	Erste Gasanstalt in Betrieb
1864	Aufhebung der Torsperre
1865	Eisenbahnverbindung nach Hamburg
1867	Einführung der Gewerbefreiheit, Eröffnung neuer städtischer Wasserwerke
1870	Bahnanschluss nach Kleinen in Mecklenburg
1873	Bahnanschluss nach Kiel
1879	Aufhebung des Oberappellationsgerichts, zuständig wird das Oberlandesgericht in Hamburg
1880	Einweihung der Synagoge in der St. Annen-Straße
1881	Erste Pferdebahn in Lübeck
1887	Zentralstation für elektrische Beleuchtung in Betrieb
1889	Gründung des Lübecker Industrievereins; erste Segelregatta, die ab 1891 zur Travemünder Woche wird
1891	Weihe der katholischen Herz-Jesu-Kirche
1893	Eröffnung des Museums am Dom
1895–1900	Bau des Elbe-Lübeck-Kanals
1905	Gründung des Hochofenwerks in Herrenwyk
1908	Eröffnung des neuen Theaterbaus von Martin Dülfer; Einweihung des Hauptbahnhofs
1911	Lübeck wird Großstadt (über 100 000 Einwohner)

1912	Travemünde wird offiziell Stadtteil Lübecks
1915	Im ehemaligen St. Annenkloster eröffnet das Museum für Kunst und Kulturgeschichte
1918	Matrosenaufstände in Kiel und Lübeck
1923	Eröffnung des Behnhauses als Museum für neuere Kunst
1929	Thomas Mann erhält den Nobelpreis für Literatur
1932	Hitler spricht in Bad Schwartau
1933	Friedrich Völtzer als Reichskommissar eingesetzt (11. März); letzte Bürgerschaftssitzung (28. Juli)
1935	Eingemeindung von 17 Ortsteilen; damit Bildung eines geschlossenen Stadtgebietes
1937	Groß-Hamburg-Gesetz beendet nach 711 Jahren Lübecks Selbstständigkeit (1. April); Eröffnung der Reichsautobahn Lübeck–Hamburg (13. Mai)
1938	Plünderung jüdischer Geschäfte, Verwüstung der Synagoge (9./10. November)
1941	Letzte Lübecker Juden werden deportiert; ebenso 605 Bewohner der Heilanstalt Strecknitz
1942	Britischer Bombenangriff auf die Stadt (28./29. März)
1943	Hinrichtung der Kapläne Lange, Müller, Prassek und des Pastors Stellbrink (10. November)
1944	Lübecks Hafen wird Umschlagplatz für „Liebesgaben" an Kriegsgefangene, dadurch nicht mehr bombardiert
1945	Dr. Julius Leber wird hingerichtet (5. Januar); Treffen Himmlers mit Graf Bernadotte in Lübeck (23./24. April); Britische Truppen besetzen die Stadt (2. Mai); Versenkung der Schiffe mit 8000 Lagerinsassen in der Lübecker Bucht (3. Mai)
1946	Stadt erhält Kommunalverfassung nach britischem Muster
1947	Die Briten verlassen Lübeck
1952	Schließung des Zonenübergangs Eichholz-Herrnburg
1956	BVG lehnt Antrag auf erneute Eigenstaatlichkeit ab
1959	Weihe der wiederaufgebauten Marienkirche (4. Advent)
1960	DDR-Übergang Schlutup wird eröffnet
1962	Beginn der Arbeiten für den Skandinavien-Kai Travemünde
1964	Eröffnung der Medizinischen Akademie, ab 1985 Medizinische Universität Lübeck
1971	Bundeskanzler Willy Brandt, geboren 1913 in Lübeck, erhält den Friedensnobelpreis
1973	Weihe des wiederaufgebauten Domes
1975	Im Europäischen Denkmalschutzjahr werden Bamberg, Lübeck und Regensburg zu Modellstädten erklärt
1977	Gründung der Nordelbischen Evangelisch-Lutherischen Kirche im Dom, Ende der kirchlichen Selbstständigkeit

1987 Lübecks Altstadt wird UNESCO-Weltkulturerbe
1989 Öffnung der Grenze nach Mecklenburg, Lübeck besitzt wieder östliches Hinterland
1993 Eröffnung des Buddenbrookhauses als Literaturmuseum, Forschungs- und Gedenkstätte für die Brüder Mann
1994 Eröffnung der Musik- und Kongresshalle sowie der Königpassage
1996 Wiedereröffnung des grundsanierten Stadttheaters als reiner Jugendstilbau
1999 Der Wahl-Lübecker Günter Grass erhält den Nobelpreis für Literatur
2002 Eröffnung des Günter Grass-Hauses
2003 Eröffnung der „Linden-Arcaden" am Bahnhof
2006 Dezember: Nach gründlicher Sanierung erstrahlt das Holstentor in neuem Glanz
2007 Einweihung des umgebauten Hauptbahnhofes

Die Bürgermeister seit 1917

Durch eine Verfassungsreform wurden die Bürgermeister ab 1917 für eine bestimmte Periode gewählt.
Die britische Verwaltung erließ eine eigene Verfassung, die 1950 durch die des Landes Schleswig-Holstein ersetzt wurde. Der Bürgermeister ist seither Leiter der Verwaltung, Repräsentant der Stadt ist außer ihm der Stadtpräsident, der die Sitzungen der Bürgerschaft/Stadtparlament leitet.

1917–1920 Emil Ferdinand Fehling
1921–1926 Johann Martin Andreas Neumann
1926–1933 Paul Löwigt
1933–1945 Otto Heinrich Drechsler (Oberbürgermeister)
1945 Gerhard Schneider
1945 Friedrich Reeh (durch die Militärregierung berufen, kommissarisch)
1945–1946 Emil Helms (durch die Militärregierung berufen zum Oberbürgermeister)
1946–1956 Otto Passarge, Bürgermeister
1956–1959 Dr. Walther Böttcher (CDU), Bürgermeister
1959–1970 Max Wartemann, Bürgermeister
1970–1978 Werner Kock (SPD), Bürgermeister
1978–1988 Dr. Robert Knüppel, Bürgermeister
1988–2000 Michael Bouteiller (SPD), Bürgermeister
Seit 2000 Bernd Saxe (SPD), Bürgermeister (erstmals von der Bevölkerung direkt gewählt)

Vorsitzende der Bürgerschaft

1946–1950 Emil Helms, Oberstadtdirektor
1950–1955 Heinrich Niendorf, Stadtpräsident
1955–1956 Dr, Walther Böttcher (CDU), Stadtpräsident
1956–1962 Werner Kock, Stadtpräsident
1962–1966 Gerhard Gaul, Stadtpräsident
1966–1969 Werner Kock, Stadtpräsident
1970–1974 August Heine, Stadtpräsident
1974–1979 Gerhard Gaul, Stadtpräsident
1979–1986 Sophus Pohl-Laukamp (CDU), Stadtpräsident
1986–1990 Ingeborg Sommer (SPD), Stadtpräsidentin
1990–2003 Peter Oertling (SPD), Stadtpräsident
seit 2003 Peter Sünnenwold (CDU), Stadtpräsident

Literatur

Andresen, Rainer: Lübeck – Das alte Stadtbild. Diverse Bände. Lübeck.

Boettcher, Holger: Fürsorge in Lübeck vor und nach dem Ersten Weltkrieg. Hg. vom Archiv der Hansestadt. Lübeck 1988.

Calm, Hans: In Lübeck stand mein Vaterhaus – Freud und Leid einer Jugendzeit. Leipzig 1928. Reprint Lübeck (ohne Jahreszahl).

Eberhard, Lieselotte J.: Dorothea Schlözer – Doctor der Philosophie, verehelichte von Rodde in Lübeck. Hg. vom Archiv der Hansestadt. Lübeck 1995.

Edler, Arnfried u. a. (Hg.): 800 Jahre Musik in Lübeck. Senat der Hansestadt Lübeck, Amt für Kultur. Lübeck 1983.

Endres, Fritz: Lübeck, Geschichte der Hansestadt. Lübeck 1926, Reprint Frankfurt/Main 1981.

Finke, Manfred; Knüppel, Robert; Mai, Klaus; Büning, Ulrich: Historische Häuser in Lübeck. Lübeck 1989.

Gerkan, Meinhard von: Musik- und Kongresshalle Lübeck – Ein Bekenntnis besonderer Art. Berlin 1996.

Gesellschaft zur Beförderung gemeinnütziger Tätigkeit: 200 Jahre – Beständigkeit und Wandel bürgerlichen Gemeinsinns. Lübeck 1989.

Graßmann, Antjekathrin (Hg.): Lübeckische Geschichte. Lübeck 1988.

Graßmann, Antjekathrin (Hg.): Lübeck Lexikon – Die Hansestadt von A bis Z. Lübeck 2006.

Guttkuhn, Peter: Die Geschichte der Juden in Moisling und Lübeck – Von den Anfängen 1656 bis zur Emanzipation 1852. Lübeck 2000.

Hasse, Max: Die Marienkirche zu Lübeck. München, Berlin 1983.

Hauschild, Wolf-Dieter: Kirchengeschichte Lübecks, Christentum und Bürgertum in neun Jahrhunderten. Lübeck 1981.

Heftrich, Eckhard u. a. (Hg.): Heinrich und Thomas Mann – Ihr Leben und Werk in Bild und Text. Lübeck 1994.

Heimann, Roland (Hg.): Vom Fischerdorf zum Industriestadtteil – Schlutup im 19. und 20. Jahrhundert. Hg. vom Archiv der Hansestadt. Lübeck 1985.

Heise, Brigitte: Das St. Annen-Museum zu Lübeck. Hg. vom Museum für Kunst und Kulturgeschichte. Lübeck 1989.
Heise, Brigitte u. Vogeler, Hildegard: Die Altäre des St. Annen-Museums. Lübeck 1993.
Höppner, Anneliese: Lübeck, eine Hansestadt macht Geschichte. Lübeck (ohne Jahreszahl).
Hoffmann, Max: Geschichte der Freien und Hansestadt Lübeck. Lübeck 1889.
Hundt, Michael: Lübeck auf dem Wiener Kongress. Hg. vom Archiv der Hansestadt. Lübeck 1990.
Internationales Buxtehudefest. Lübeck 1987, hg. von der Hansestadt, Amt für Kultur. Lübeck 1987.
Kirchenvorstand der Evang.-luth. Dom-Gemeinde (Hg.): 800 Jahre Dom zu Lübeck. Lübeck 1973.
Kirchenvorstand der Evang.-luth. Dom-Gemeinde (Hg.): Das Triumphkreuz im Dom zu Lübeck – Ein Meisterwerk Bernt Notkes. Wiesbaden 1977.
Klöcking, Johannes: 800 Jahre Lübeck, Kurze Stadt- und Kulturgeschichte. Lübeck 1950.
Knüppel, Robert: Lübeck – Wo Steine Geschichte erzählen. Lübeck 1991.
Kohlmorgen, Günter: Johann Füchting und Füchtings Hof in Lübeck. Hg. vom Archiv der Hansestadt. Lübeck 1982.
Kommer, Björn R.: Die Haushaltungsbücher des Kaufmanns Jacob Behrens des Älteren, 1787–1808. Hg. vom Archiv der Hansestadt. Lübeck 1989.
Kommer, Björn R.: Das Buddenbrookhaus in Lübeck – Geschichte, Bewohner, Bedeutung. Lübeck 1993.
Lindtke, Gustav: Die Schiffergesellschaft zu Lübeck – Von Seefahrt, Wohlfahrt und Tradition. Lübeck 1977.
Lübeck, Altstadt Weltkulturerbe – Ansprüche an ein Denkmal. Hg. von der Hansestadt, Amt für Denkmalpflege. Lübeck 1993.
Müller, Uwe: St. Gertrud, Chronik eines vorstädtischen Wohn- und Erholungsgebietes. Hg. vom Archiv der Hansestadt. Lübeck 1986.
Müller, Uwe: Kücknitz, Ein Stadtteil im Wandel vom Klosterdorf zum Industrierevier. Hg. vom Archiv der Hansestadt. Lübeck 1987.
Nikolov, Russalka (Hg.): Das Burgkloster zu Lübeck. Lübeck 1992.
Nordische Filmtage Lübeck. Hg. zur 25. Veranstaltung von der Hansestadt, Amt für Kultur. Lübeck 1983.
Possehl-Stiftung (Hg.): „Meiner geliebten Vaterstadt“: 75 Jahre Possehl-Stiftung, 1919–1994. Lübeck 1994.
Reimers, Karl Friedrich: Lübeck im Kirchenkampf des Dritten Reiches. Göttingen 1965.
Rektorat der Musikhochschule (Hg.): 60 Jahre Musikhochschule Lübeck, 1933–1993. Lübeck 1993.
Saltzwedel, Rolf (Hg.): Der Wagen – Ein Lübecker Jahrbuch. Diverse Bände. Lübeck.
Savvidis, Petra: Hermann Bonnus, Superintendent von Lübeck. Hg. vom Archiv der Hansestadt. Lübeck 1992.
Scheftel, Michael: Gänge, Buden und Wohnkeller in Lübeck. Neumünster 1988.
Schwark, Thomas: Lübecks Stadtmilitär im 17. und 18. Jahrhundert. Hg. vom Archiv der Hansestadt. Lübeck 1990.

Seggern, Maren von: Lübeck und Travemünde – Bilder und Berichte. Lübeck 1996.
Sengebusch, Rüdiger: Lübecker Industriekultur: Zeitenwende – Fabriken in Lübeck. Lübeck 1983.
Siepenkort, Helmut u. Spolovnjak, Isabella (Hg.): Ökumene im Widerstand – Der Lübecker Christenprozess 1943. Lübeck 2001.
Zeitschrift des Vereins für Lübeckische Geschichte und Altertumskunde: Jahrbuch, diverse Bände. Lübeck.
Zietz, Heinrich Christian: Ansichten der Freien Hansestadt Lübeck und ihrer Umgebung. Frankfurt/Main 1822. Faksimile-Ausgabe Lübeck 1978.

Register

Ortsregister (allgemein)

Amsterdam 70, 86
Antwerpen 49, 72
Arras 131
Auerstedt 92
Augsburg 66, 68, 92, 99
Bardowick 12
Bayern 92
Belgien 131
Bergedorf 52
Bergen 35, 46, 48
Berlin 93, 103 f.
Bordeaux 86
Borgo 26
Bornholm 71
Bornhöved 25
Bosau 16
Braunschweig 22 f., 38, 50
Bremen 38, 50, 73, 75, 92, 106, 133
Breslau 35
Brügge 33, 35, 48 f., 53, 55
Cambrai 131
Cette 86
Coventry 143
Dänemark 20, 36, 40 f., 50, 72, 74, 84, 87 f., 99, 103, 106 f., 144
Dannenberg 25
Danzig 38, 73, 86, 127
Dorpat 72
Dortmund 37
Düppel 106
Eider 25
Elba 99
Elbe 12, 144
Elbe-Lübeck-Kanal 112
Elbe-Trave-Kanal 112
Elbing 27 f.
Emden 72
England 36, 44, 48 f., 55, 72 f., 75, 84, 86, 92
Estland 24, 35, 72, 84
Eutin 20, 28, 62
Faldera (Kloster, später Neumünster) 15
Falsterbro 41, 46
Finnland 84
Flandern 36, 44, 48, 131
Flensburg 87
Florenz 42
Franfurt 92, 99, 103 f.
Frankreich 44, 56, 80, 86, 96, 110
Frederikshall 84
Gibraltar 86
Göteborg 47
Gotland 20, 35, 37, 40, 48, 71
Greifswald 28, 76
Güstrow 28
Haithabu 13
Hamburg 13, 24, 27, 31, 38 f., 52 ff., 63, 72 f., 75, 92, 96, 103, 105 f., 133, 137, 144

Hannover 92
Heiligendamm 119
Helsingborg 39, 40f., 71, 88
Helsingör 71, 88
Herrnburg 146, 150, 154
Hildesheim 38
Holland 36, 73, 84, 86
Holstein (Herzogtum) 16, 24, 31, 54, 85, 106
Italien 35, 49
Itzehoe 24
Jena 92
Jütland 106
Kalmar 27, 54, 102
Karlshamn 102
Kiel 25, 28, 131 f.
Kolberg 28
Köln 27, 32, 35, 38, 50
Königsberg 27
Konstanz 53
Kopenhagen 30, 39f., 86, 102f., 107, 119
Köslin 28
Kotlin 48
Krakau 35
Kronstadt 48
Ladoga-See 48
Lauenburg 24, 96, 99, 106, 117, 146
Limes Saxoniae 12
Lissabon 86
Litauen 35
Liverpool 86
Livland 24, 27, 30, 72, 84
Livorno 86, 97
Lombardei 34
London 35, 48, 70
Lothringen 131
Löwenstadt 20
Lüneburg 12, 19, 33, 49, 53f., 71, 96
Lüttich 97
Lyöe (Ostseeinsel) 25
Lyon 30
Magdeburg 27
Malmö 41, 102
Mecklenburg 12f., 23, 25, 31, 93, 144, 146
Mecklenburg-Schwerin 137
Mecklenburg-Strelitz 137
Memel 28
Minden 19
Mölln 25, 28, 96, 141
Moskau 97
Nantes 80, 86
Narvik 114
Narwa 72, 84
Neapel 86
Neuengamme 145
Neumünster 16
Neustadt/Holstein 145
Newa 48
Newcastle 86
Niederlande 49, 73, 75
Nordelbien 11
Norderney 119
Nordostsee-Kanal 112
Norwegen 36, 48f., 55, 99
Nowgorod 35, 44, 48, 55
Nürnberg 66, 92, 99
Nyon 131
Oder 145
Oldenburg 12f, 20, 56f., 137
Oldesloe 19, 28, 88
Olympia 34
Osnabrück 38, 75
Österreich 84, 103, 106, 131
Paris 104
Parma 26
Pisa 42
Pleskau 48
Plön 24, 28
Polen 84
Poltawa 84f.
Portugal 35, 73, 84
Potsdam 93
Prag 41
Preußen 84, 103, 106, 109
Ratekau 94
Ratzeburg 12f., 95, 137
Reims 131
Rendsburg 28
Reval 28, 48, 72
Rhein 145
Riga 33, 37, 39, 48, 72, 86, 119, 143
Rom 42, 63, 128
Rostock 27f., 38, 53f., 73, 102
Rügen 19
Rügenwalde 28
Russland 36, 44, 73, 86, 103

Sachsen 27, 84
Santiago de Compostela 59
Sarajewo 131
Savoyen 84
Schleswig (Herzogtum) 24, 54, 87, 106
Schleswig-Holstein 144 ff., 148, 152
Schmielau 14
Schonen 19, 24, 39 ff., 46, 73, 85
Schwartau 11, 14
Schwarzenbek 96
Schweden 36, 39, 47, 49, 74, 84, 114, 144
Segeberg 18, 25, 28
Serbien 131
Sizilien 26
Skanör 41, 46
Smolensk 35
Söderköping 27
Soest 27
Spanien 35, 73
St. Petersburg 48, 86, 102, 119
Stade 22, 65, 72, 96
Stargard 28
Stecknitz (Fluss) 112
Stellau 24
Stettin 27, 39, 76, 86
Stockelsdorf 52, 76
Stockholm 27, 35, 37, 39, 102
Stolp 28
Stormarn (Grafschaft) 16
Stralsund 27 f., 40 f., 54, 76, 93, 102
Sund (Wasserstraße) 41
Sylt 131
Themse 48, 72
Theresienstadt 143
Tondern 28
Trave 11f, 14, 16 f.
Türkei 84
Turku 64
USA 107
Utrecht 56
Venedig 36, 42, 44
Verden 75
Visby 35, 37, 40, 48
Volkov (Fluss in Russland) 48
Vordingborg 55
Wagrien 13, 16
Wakenitz 16, 20
Waterloo 99
Wien 99, 106
Wilhelmshaven 131
Wismar 27 f., 53 f., 76
Ystad 102
Zuidersee 35

Ortsregister (Lübeck)

Alfstraße 22
Alt-Lübeck 12ff, 16
An der Untertrave (Straßenzug) 22
Audienzsaal (Rathaus) 38
Bahnhöfe 107, 156
Behnhaus/Drägerhaus (Museen) 127, 129 (Abb.)
Beidendorf 140
Blankensee 140
Bombennacht (28./29. März 1942) 143
Braunstraße 22
Breite Straße 38
Brodten 140
Buddenbrookhaus 88 (Abb.), 128
Buden/Gänge 116, 155
Buku (altslawische Burg) 13, 15, 19
Buniamshof 138
Bürgerschaftssaal (Rathaus) 38
Burgfeld 131
Burgkloster (Dominikaner) 26, 33, 67, 128
Burgtor 41, 72, 94, 103, 116
Dänischburg (Stadtteil) 30
Danzelhus (Rathausanbau) 37
Dassower See (Gewässer am Stadtrand) 23
Dom 21, 31, 41, 57 f., 59 (Abb.), 62 f., 66, 69, 72, 125, 149
Dom-Museum 61
Drägerhaus (Museum) 125
Dummersdorf 140
Eckhorst 52
Eichholz 146, 116, 154
Eisenbahnen 107
Fährverkehr 151

Flender-Werft 121
Flughafen Blankensee 151
Fredenhagenzimmer 72
Gaswerk 108
Genin 117
Gertrudenkapelle 41, 75, 116 f.
Gothmund 116
Günter Grass-Haus 130
Hafen 140, 112, 151, 156
Heilig Geist Hospital 32, 54, 59, 62, 152
Heiligengeistkamp 116
Heinrich und Thomas Mann-Zentrum 128
Herz-Jesu-Kirche (katholisch) 81
Hochofenwerk 114, 147 (Abb.)
Holstenbrücke 22
Holstentor 69 (Abb.), 72, 81, 94, 108 f., 116
Holstentor-Museum 127, 128
Hüxtertor 94, 117
Israelsdorf 117
Ivendorf 140
Johannes auf dem Sande (Kirche) 21
Juden 81, 96, 141, 147
Kanzleigebäude (Rathausanbau) 38, 156
Karlshof 117
Katharineum (1. bürgerliche Lateinschule) 90
Koberg 35
Kolosseum (Konzertsaal) 112, 150
Königstraße 41, 90, 155
Kronsforde 52, 140
Krummesse 52, 140
Kücknitz 117
Kulturforum Burgkloster 128
Kunsthalle 62, 127
Lachswehr 112
Langes Haus (Rathausanbau) 37
Linden-Arcaden 156
Lindenplatz 112
Liubice 11f, 15f
Markt (Platz) 37 f., 40, 112, 156
Mengstraße 108
Metallhütte 114
Moisling 52, 76, 81, 117
Moislinger Allee 112
Moorgarten 140
Mori 76
Mühlenbrücke 112
Mühlentor 72, 94, 117
Museum am Dom 127
Museum für Kunst und Kulturgeschichte 127
Museum für Natur und Umwelt (früher Naturhistorisches Mus.) 127
Museumskirche St. Katharinen 127
Musik- und Kongresshalle (MuK) 152, 156, 157 (Abb.)
Musikhochschule 152, 156
Niederbüssau 140
Niemark 52
Niendorf 52, 76, 117, 140
Nusse 52
Oberbüssau 140
Orenstein & Koppel 115
Paramentenkammer 62
Passat 119, 120 (Abb.)
Pestfriedhof 116
Pferdebahn 112
Pöppendorf 140, 146
Post 111 f., 123 (Abb.)
Priwall 119 f., 156
Rathaus 31, 37 ff., 39 (Abb.), 72, 155
Reecke 140
Reformierte Kirche 90
Roeckstraße 112, 116
Rönnau 140
Salzspeicher 33
Schiffergesellschaft 77 (Abb.)
Schleswig-Holstein Musik Festival (SHMF) 152
Schlichting-Werft 121
Schlutup 117, 119, 150, 154
Skandinavienkai 113 (Abb.), 119, 151, 156
St. Aegidien 61, 63, 65 ff., 125
St. Andreas-Kirche 120
St. Annen-Kloster 61, 127
St. Annen-Museum 62, 83, 127, 143
St. Annen-Straße 82
St. Gertrud (Vorstadt) 116
St. Jakobi 59, 61, 63, 66, 125
St. Johannis (Benediktinerkloster) 21, 33

St. Jürgen (Vorstadt) 116 f.
St. Jürgen-Kapelle 75
St. Katharinen (Franziskanerkloster) 33, 47, 67, 125, 127
St. Lorenz (Vorstadt) 116 f.
St. Lorenzkirche (Lübeck) 117
St. Lorenzkirche (Travemünde) 118 (Abb.)
St. Marien (Ratskirche) 22 f., 31 f., 41, 56 f., 57 (Abb.), 62, 65, 68, 89, 125, 149, 155
St. Matthäi-Kirche 117
St. Petri 22, 58, 60 (Abb.), 61, 63, 125, 149
Stadtpark 116 f.
Stadttheater 126, 156
Steinrade 52
Synagogen 82 (auch Abb.)
Teutendorf 140
Torsperre 108
Trave 29, 48, 71, 112, 116
Travemünde 30, 96, 102 (Abb.), 112 f., 117 ff., 132, 156
Travemünder Allee 116, 131
Travemünder Woche 119
Völkerkundesammlung 127 f.
Vorrade 140
Vorstädte 108
Wakenitz 30, 94, 108, 112, 116
Waldhusener Forst 146
Wallanlagen 107
Wasserwerk 108
Weltkulturerbe 151
Wulfsdorf 140
Zeughaus 72

Personen

Abel (Hzg. v. Schleswig, dän. Kg. 1250–1252) 30
Abotriten (Volksstämme) 12
Adalbero II (Erzbf. in Bremen 1123–1148) 15
Adalbert (Erzbf. v. Bremen u. Hamburg; um 1000–1072) 13
Adam (Theologe in Bremen; vor 1050–1085) 12
Adenauer, Konrad (Bundeskanzler; 1876–1967) 149
Adolf I. (Graf v. Schauenburg; gest. 1130) 16, 18
Adolf II. (Graf v. Schauenburg; vor 1126–1164) 11, 18 f.
Adolf III. (Graf v. Schauenburg 1164–1225) 19, 24, 118
Adolf VIII. (Graf v. Schauenburg; 1401–1459) 55
Albert (Hzg. v. Sachsen, gest. 1260) 30
Albert Krummediek (Lüb. Bischof 1466–1489) 63
Albert v. Orlamünde (dän. Statthalter; 1182–1244) 25, 27
Albrecht II (Hzg. von Mecklenburg 1348–1379) 42
Albrecht VII. (Hzg. von Mecklenburg, gest. 1547) 68
Andersen, Hellmuth (dän. Archäologe) 14
Ansverus (Abt in Ratzeburg; geb. 1038, ermordet 1066) 13
Arndes, Steffen (Buchdrucker; um 1450–1519) 63
August der Starke (Kurfürst v. Sachsen/Kg. v. Polen 1694/7–1733) 84
Bach, Johann Sebastian (Komponist; 1685–1750) 88
Balhorn, Johann (Buchdrucker; 1531–1597) 64
Balzer, Erwin (Theologe, 1901–1974; DC-Bischof f. Lübeck 1934–1945) 141
Behn, Hermann (Kaufmann, Musikliebhaber) 126
Benckendorff v. (russ. Oberstleutnant) 97
Bernadotte, Jean Baptiste (frz. Marschall; 1763–1844, ab 1818 als Karl XIV. Kg. v. Schweden) 93, 95 f.
Bernadotte, Folke Graf (Schwed. Rotes Kreuz; 1895–1948) 144

Bernhard v. Clairvaux (Mönch, Abt; um 1090–1153) 19
Bismarck, Otto v. (Reichskanzler; 1815–1898) 110
Blücher, Gebhard Leberecht v. (preuß. General; 1742–1819) 89, 94
Boldemann, Ferdinand (Kaufmann, Musikliebhaber) 126
Bonnus, Hermann (Pädagoge, Superintendent 1532–1548) 69
Boris Godunow (russ. Zar; 1552–1605) 74
Brandis, Lucas (Buchdrucker; vor 1450–nach 1500) 17, 63
Brandis, Matthäus (Buchdrucker, gest. nach 1512) 63
Brehmer, Nicolaus Heinrich (Arzt) 118
Brokes, Heinrich (Lüb. Bürgermeister; 1567–1623) 74
Brömbsen, Dietrich (Ratsherr) 76
Brömse, Nikolaus (Lüb. Bürgermeister; 1485–1543, Bgm. ab 1520) 65 ff., 71
Bugenhagen, Johannes (Reformator; 1485–1558) 67 (Abb.), 68
Burckhardt, Carl Jacob (Präsident Intern. Rotes Kreuz; 1891–1974) 144
Burkhard v. Serken (Lübecker Bischof 1276–1317) 62 f.
Buthue (obotr. Fürstensohn) 13 f.
Buxtehude, Dietrich (Komponist, Marienorganist; um 1637–1707) 87 f.
Castorp, Hinrich (Lüb. Bürgermeister; 1420–1488, Bgm. ab 1462) 55 f.
Christian I. (dän. Kg. 1448–1481) 55
Christian IV. (dän. Kg. 1588–1648) 74 f.
Christian V. (dän. Kg. 1670–1699) 81
Christoph (Erzbf. v. Bremen; 1511–1558) 71
Christoph (Graf v. Oldenburg, Heerführer; 1683–1767) 71
Christoph I. (dän. Kg. 1252–1259) 31
Christoph III. (dän. Kg. v. 1440–1448) 55
Curtius, Ernst (Archäologe; 1814–1896) 111
Deecke, Ernst (Pädagoge; 1805–1862) 105
Detmar (Lübecker Chronist, gest. 1395) 41
Diebel, Elias (Kupferstecher) 21
Dithmarscher (dt. Volksstamm) 12
Dräger, Bernhard (Erfinder, Industrieller; 1870–1928) 124
Dräger, Heinrich (Erfinder, Firmengründer; 1847–1917) 124
Dräger, Heinrich jun. (Industrieller; 1898–1986) 125 (Abb.), 127
Drake, Francis Sir (Entdecker, Seefahrer; um 1540–1596) 72
Drechsler, Otto-Heinrich (Lüb. Bürgermeister; 1895–1945, Bgm 1933–1945) 138
Dülfer, Martin (Theaterarchitekt; 1859–1942) 126
Elisabeth v. Pommern (4. Gem. Karls IV.; 1347–1393) 41
Elizabeth I. (Kgn. v. England 1558–1603) 72
Engelbrecht, Martin (Kupferstecher) 85
Erich IV. (dän. Kg. 1241–1250) 30
Erich V. (dän. Kg. 1259–1286) 31
Erich VII. Pommer (dän. Kg. 1396–1439) 54 f.
Erich XIV. (Kg. v. Schweden; 1560–1568) 72
Ernst Graf v. Mansfeld (Heerführer) 75
Evers, Tönnies Vater u. Sohn (Maler, Schnitzer) 61
Ewers, Friedrich (Erfinder) 121
Fallersleben v., Hoffmann (Dichter; 1798–1874) 103
Fehling, Emil Ferdinand (Lüb. Bürgermeister; 1847–1927, Bgm. 1917–1920) 133
Franz Ferdinand (österr. Thronfolger; 1863–1914) 131
Franz II. (Kaiser v. Österreich; 1768–1835) 92
Fredenhagen, Thomas (Bürgermeister; 1627–1709) 57

Friedrich I. (dän. Kg. 1523–1533) 65
Friedrich I. Barbarossa (Kg., Kaiser 1152–1190) 22, 25, 27
Friedrich II. (Kg., Kaiser 1210–1250) 26, 30, 43
Friedrich Wilhelm III. (Kg. v. Preußen 1797–1849) 97
Friedrich Wilhelm IV. (Kg. v. Preußen 1840–1861) 105
Friesen (Volksstamm) 31
Furtwängler, Wilhelm (Dirigent; 1886–1954) 126
Garmers, Konrad (Lüb. Bürgermeister) 74
Geibel Emanuel (Dichter; 1815–1884) 109 f., 111 (Abb.)
Geibel, Johannes (reformierter Prediger; 1776–1853) 81, 97
Gerold (Bf. in Oldenburg, später Lübeck, gest. 1163) 20 f.
Gloxin, David (Lüb. Bürgermeister; 1597–1671, Bgm. ab 1666) 75
Gothan, Bartholomäus (Buchdrucker) 64
Gottschalk (Obotritenfürst; gest. 1066) 12 ff.
Gregor IX. (Papst 1227–1241) 30
Grimm, Jacob (Germanist; 1785–1863) 104
Gustav I. Wasa (Kg. v. Schweden 1523–1560) 70, 91
Gustav II. Adolf (Kg. v. Schweden 1611–1632) 75
Gütschow, Anton Diedrich (Lüb. Politiker) 96
Haakon VI. (Kg. v. Norwegen 1343–1380 u. von Schweden 1362–1364) 42
Hach, Johann Friedrich (Jurist; 1769–1851) 97
Händel, Georg Friedrich (Komponist; 1685–1759) 87
Harmstorf, Alnwick (Werftbesitzer) 121
Hartwig I. (Erzbf. v. Bremen 1148–1168) 21
Heinrich VI. (Kg., Kaiser 1190–1197) 24, 26
Heinrich III. (Kg. v. England 1216–1272) 48
Heinrich VIII. (Kg. v. England 1509–1547) 70
Heinrich (Bischof in Lübeck 1172–1183) 21
Heinrich (Graf v. Schwerin) 25
Heinrich (Obotritenfürst; gest. 1127) 13 ff.
Heinrich d. Jüngere (Hzg. v. Braunschweig-Wolfenbüttel; 1514–1568) 71
Heinrich d. Löwe (Hzg. v. Sachsen u. Bayern; 1129–1195) 11, 20 ff., 25
Heinrich Bocholt (Lüb. Bischof 1317–1341) 58, 63
Heise, Carl Georg (Museumsdirektor; 1890–1979) 91
Helmold (Priester, Chronist; ca. 1120–1177) 16, 18 f., 22
Helms, Emil (Bürgermeister; 1884–1965) 148
Hildebrandt, Friedrich (NS-Reichsstatthalter; 1898–1948) 138
Himmler, Heinrich (Reichsführer SS; 1900–1945) 144
Hitler, Adolf (1889–1945) 138
Holsten (dt. Volksstamm) 12, 14, 17
Innozenz IV. (Papst 1243–1254) 30 f.
Jannasch, Wilhelm (Theologe, Widerstandskämpfer; 1888–1966) 141
Johann (Graf v. Holstein) 31
Johannes v. Tralau (Lüb. Bischof 1260–1276) 57
Karl der Große (Kg. 768–814, Kaiser ab 800) 11, 27
Karl IV. (Kg., Kaiser 1355–1378) 41 f.
Karl V. (Kg., Kaiser 1530–1558) 67 f., 71
Karl VIII. Knutsson (schwed. Kg. 1464–1465, 1467–1470) 55
Karl XII. (Kg. v. Schweden 1697–1718) 84
Katharina II. d. Große (russ. Zarin 1762–1796) 86
Knut d. Große (dän. Kg. 1014–1035) 12
Knut IV. (dän. Kg. 1182–1202) 24

Knutzen, Johann Paul (Komponist, Marienorganist; 1696–1757) 87
Koch, Henry (Industrieller; 1832–1888) 122
Konrad IV. (Kg., Kaiser 1228–1254) 31
Konstanze (Kaiserin; 1154–1198, Kaiserin ab 1191) 26
Kruto (Obotritenfürst) 13 f., 16
Küsel, Hieronymus (Kaufmann; 1722–1784) 91
Lange, Hermann (Kaplan, Märtyrer; 1912–1943) 143 f.
Leber, Julius Dr. (Journalist, SPD-Reichstagsabgeordneter; 1891–1945) 139
Lescynski, Stanislaus (Kg. v. Polen 1704–1709) 84
Lillie, Joseph Christian (Innenarchitekt; 1760–1827) 91, 127
Linde, Max (Arzt, Mäzen; 1862–1940) 128
Lothar v. Süpplinburg (Hzg. in Sachsen, als Lothar III. Kaiser 1133–1137) 16
Lottner, Kurt (Generalmajor; 1899–1957) 145
Löwigt, Paul (Bürgermeister; 1873–1934, Bgm. 1926–1933) 136, 138
Ludwig II. (Kg. v. Bayern 1864–1886) 111
Ludwig XIV. (Kg. v. Frankreich 1643–1715) 80
Luther, Martin (Reformator; 1483–1546) 68
Magnus (Hzg. v. Sachsen; 1071–1106) 14,16
Magnus II. (Kg. v. Schweden 1319–1364) 40
Mann, Heinrich (Schriftsteller; 1871–1950) 88, 129
Mann, Thomas (Schriftsteller, Nobelpreisträger; 1875–1955) 88, 129
Margarethe I. (dän. Regentin 1387–1412) 42
Maria Magdalena (Heilige) 26
Max v. Baden (Reichskanzler; 1867–1929) 131
Maximilian II. (Kg. v. Bayern 1848–1864) 111
Menschikoff, (russ. General) 85 f.
Meyer, Markus (Befehlshaber d. Stadtmiliz) 70 f.
Müller, Eduard (Kaplan, Märtyrer; 1911–1943) 143 f.
Munch, Edvard (norw. Maler; 1863–1944) 128, 141
Murat (frz. Marschall; 1767–1815) 93 f.
Napoleon Bonaparte (frz. Kaiser 1804–1815) 96 f., 99
Neumann, Johann Martin (Bürgermeister 1921–1926) 135 f.
Niklot (Obotritenfürst, gest. 1160) 18 f.
Obotriten (Volksstämme) 12, 18
Olaf (dän. Thronanwärter; 1370–1387) 42
Ossenbrügge, Johann (Mönch, Prediger) 65
Overbeck, Christian Adolph (Bürgermeister; 1755–1821, Bgm. ab 1814) 128
Overbeck, Johann Friedrich (Maler; 1789–1869) 128
Passarge, Otto (Bürgermeister; 1891–1976, Bgm. 1946–1950) 148
Paternostermaker, Hinrich (Anführer d. Knochenhauer, gest. 1384) 51 f.
Peck, Nikolaus (Stadtbaumeister) 38
Peter der Große (russ. Zar; 1672–1725) 74, 84 f.
Petit, Charles H. (Konsul) 126
Philipp II. (Kg. v. Spanien 1556–1598) 73
Philipp V. (span. Kg.; 1700–1746) 84
Piccolomini, Aeneas Silvius (1458–1462 Papst als Pius II.) 54
Pleskow, Jacob (Lüb. Bürgermeister; gest. 1381; Bgm. ab 1364) 42
Pleskow, Jordan (ab 1400 Ratsherr, später Bürgermeister) 54
Plönnies, Hermann (Lüb. Bürgermeister) 68
Polaben (slaw. Volksstamm) 12
Possehl, Emil (Kaufmann, Industrieller; 1850–1919) 113 ff., 115 (Abb.), 126
Prahl, Jürgen (Schlachter, Opfer d. Franzosenzeit) 98

Prassek, Johannes (Kaplan, Märtyrer; 1911–1943) 143.
Race (Anführer aus Rügen) 15
Radbruch, Gustav (Jurist, Justizminister; 1878–1949) 110
Rehder, Peter (Wasserbaudirektor; 1843–1920) 112
Rodde, Mathäus (Bürgermeister; 1754–1825) 90
Rousseau, Jean-Jacques (Philosoph; 1712–1778) 118
Rudolf v. Habsburg (Kg., Kaiser 1273–1291) 31
Ruprecht (Kg. 1400–1410) 53
Scharnhorst, Gerhard (preuß. General; 1755–1813) 93 f.
Schieferdecker, Johann Christian (Marienorganist 1707–1732) 89
Schlichtung, Johann (Werftbesitzer; 1872–1946) 121
Schlözer, Dorothea (Dr. der Philosophie; 1770–1825) 90
Schröder, Heinrich (Theaterdirektor) 89
Sigismund (Kg., Kaiser 1410–1437) 53
Sigrid (obotr. Fürstin) 13
Slawen (Volksstämme) 13
Slawina (Obotritenfürstin) 14
Soherr, Johann Adam (Stadtbaumeister; 1706–1778) 38
Solmitz, Fritz (Widerstandskämpfer; 1893–1933) 139
Souchon, Wilhelm Anton (Admiral; 1864–1946) 132
Soult, Nicolas-Jean (frz. Marschall; 1769–1851) 93 f.
Steen, Tidemann (gest. 1441; Bgm. ab 1427) 54
Stellbrink, Karl Friedrich (Pastor, Märtyrer; 1894–1943) 143 f.
Steenbock, Magnus (schwed. General) 85
Stormarner (dt. Volksstamm) 14, 17
Suhl, Ludwig (Theologe, Jurist, Pädagoge; 1752–1819) 90
Sullivan, Gerald (brit. Militärkommandant) 148
Sven II. Estridsen (dän. Kg. 1047–1074) 13
Sventipolk (Obotritenfürst) 15
Tesdorpf, Johann Matteus (Bürgermeister; 1749–1824, Bgm. ab 1806) 96 f.
Tilly (kaiserl. Feldherr; 1559–1632) 75
Torelli, Stefano (Maler; 1712–1784) 38
Treitschke v., Heinrich (Historiker; 1834–1896) 104
Tunder, Franz (Komponist, Marienorganist 1640–1667) 87, 89
Uto (Obotritenfürst, ermordet 1028) 12
Vicelin (Missionar, Bischof v. 1149–1154) 15, 56
Voet, Borchert (Ritter) 31
Völtzer, Friedrich (NS-Reichskommissar) 138
Wagner Richard (Komponist; 1813–1883) 111
Waldemar I. (dän. Kg. 1157–1182) 20
Waldemar II. (dän. Kg. 1202–1241) 24 f., 30, 118
Waldemar IV. Atterdag (dän. Kg. 1340–1375) 37, 40 f.
Walhoff, Johann (Prediger) 65 f.
Walbaum, Johann Julius (Arzt, Sammler; 1724–1799) 126
Warburg, Erich (Bankier, US-Verbindungsoffizier) 144
Warendorp, Brun (Bürgermeister ab 1367, gest. 1369) 41
Wenden (Volksstämme) 12
Wiederhold, Ludwig Heinrich (Jurist) 105
Wilhelm (Graf v. Holland) 30
Wilhelm I. (Kg. v. Preußen/ dt. Kaiser 1861/71–1888) 109 f.
Wilhelm II. (Kg. v. Preußen/dt. Kaiser 1888–1918) 16, 110, 119, 126, 131,
Wilhelm III. v. Oranien (niederl. Statthalter 1672–1702) 84
Wilms, Andreas (Prediger) 65 f.
Wittenborg, Johann (Bürgermeister; ca. 1320–1363, im Rat seit 1350) 40
Wullenwever, Jürgen (Volksführer, Bürgermeister; 1492–1537) 68 ff.

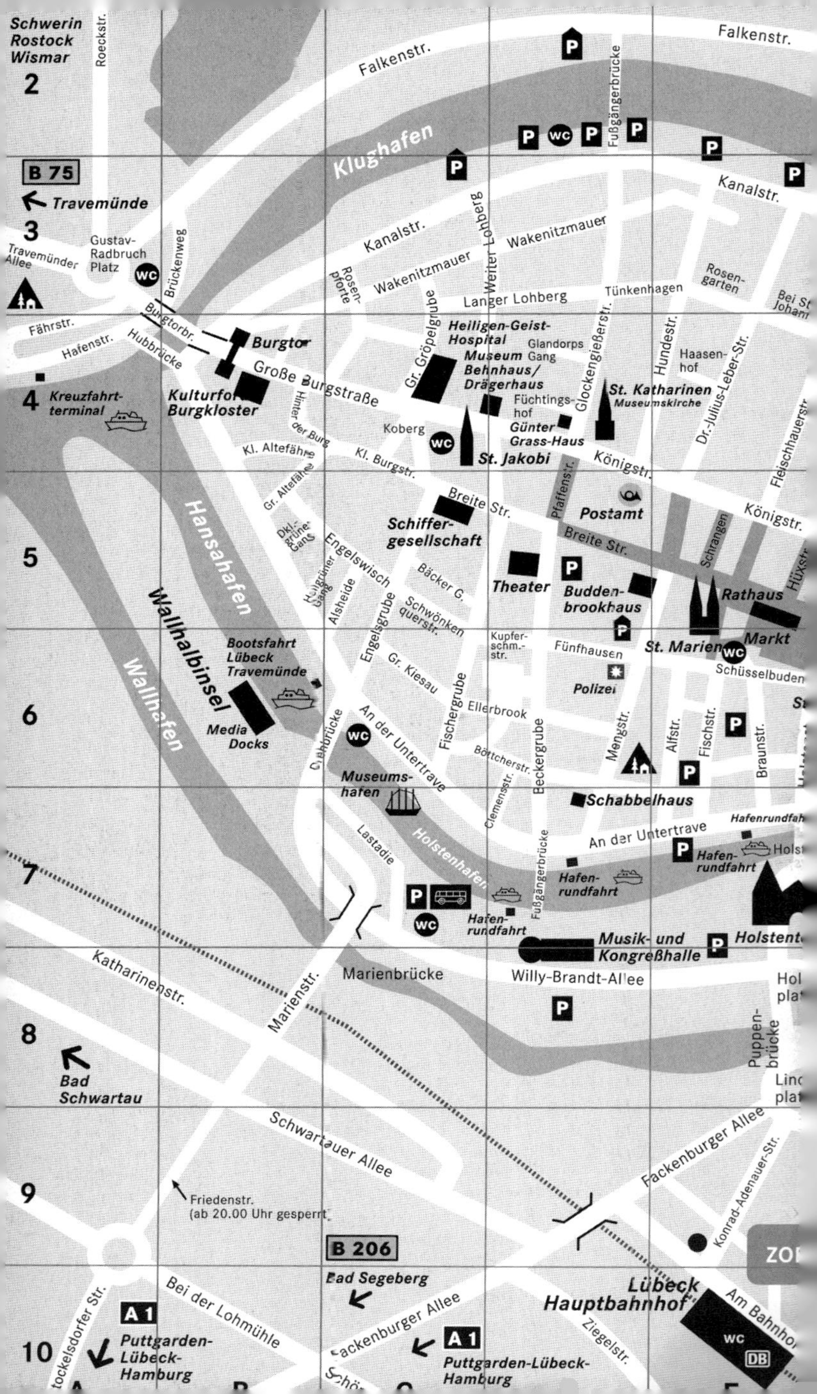

Schwerin
Rostock
Wismar
2
B 75
Travemünde
3
4
5
6
7
8
9
10
Roeckstr.
Falkenstr.
Klughafen
Fußgängerbrücke
Kanalstr.
Wakenitzmauer
Weiter Lohberg
Langer Lohberg
Tünkenhagen
Rosengarten
Rosenpforte
Gr. Gröpelgrube
Travemünder Allee
Gustav-Radbruch Platz
Brückenweg
Fährstr.
Hafenstr.
Hubbrücke
Burgtorbr.
Burgtor
Kulturforum Burgkloster
Große Burgstraße
Heiligen-Geist-Hospital
Museum Behnhaus/Drägerhaus
Glandorps Gang
Füchtingshof
Günter Grass-Haus
Glockengießerstr.
Hundestr.
Haasenhof
Dr.-Julius-Leber-Str.
St. Katharinen Museumskirche
Kreuzfahrtterminal
Hinter der Burg
Koberg
Kl. Altefähre
Kl. Burgstr.
St. Jakobi
Königstr.
Fleischhauerstr.
Gr. Altefähre
Breite Str.
Pfaffenstr.
Postamt
Schiffergesellschaft
Hansahafen
Engelswisch
Bäcker G.
Theater
Buddenbrookhaus
Schrangen
Rathaus
Markt
St. Marien
Alsheide
Schwönkenquerstr.
Wallhalbinsel
Wallhafen
Bootsfahrt Lübeck Travemünde
Engelsgrube
Gr. Kiesau
Kupferschm.-str.
Fünfhausen
Schüsselbuden
Polizei
Ellerbrook
Fischergrube
Media Docks
An der Untertrave
Mengstr.
Alfstr.
Fischstr.
Braunstr.
Böttcherstr.
Beckergrube
Museumshafen
Clemensstr.
Schabbelhaus
Lastadie
Holstenhafen
Hafenrundfahrt
Fußgängerbrücke
Musik- und Kongreßhalle
Katharinenstr.
Marienstr.
Marienbrücke
Willy-Brandt-Allee
Puppenbrücke
Bad Schwartau
Schwartauer Allee
Fackenburger Allee
Konrad-Adenauer-Str.
Friedenstr. (ab 20.00 Uhr gesperrt)
B 206
Bad Segeberg
Lübeck Hauptbahnhof
Am Bahnhof
Bei der Lohmühle
Ziegelstr.
A 1
Puttgarden-Lübeck-Hamburg
WC
P
DB

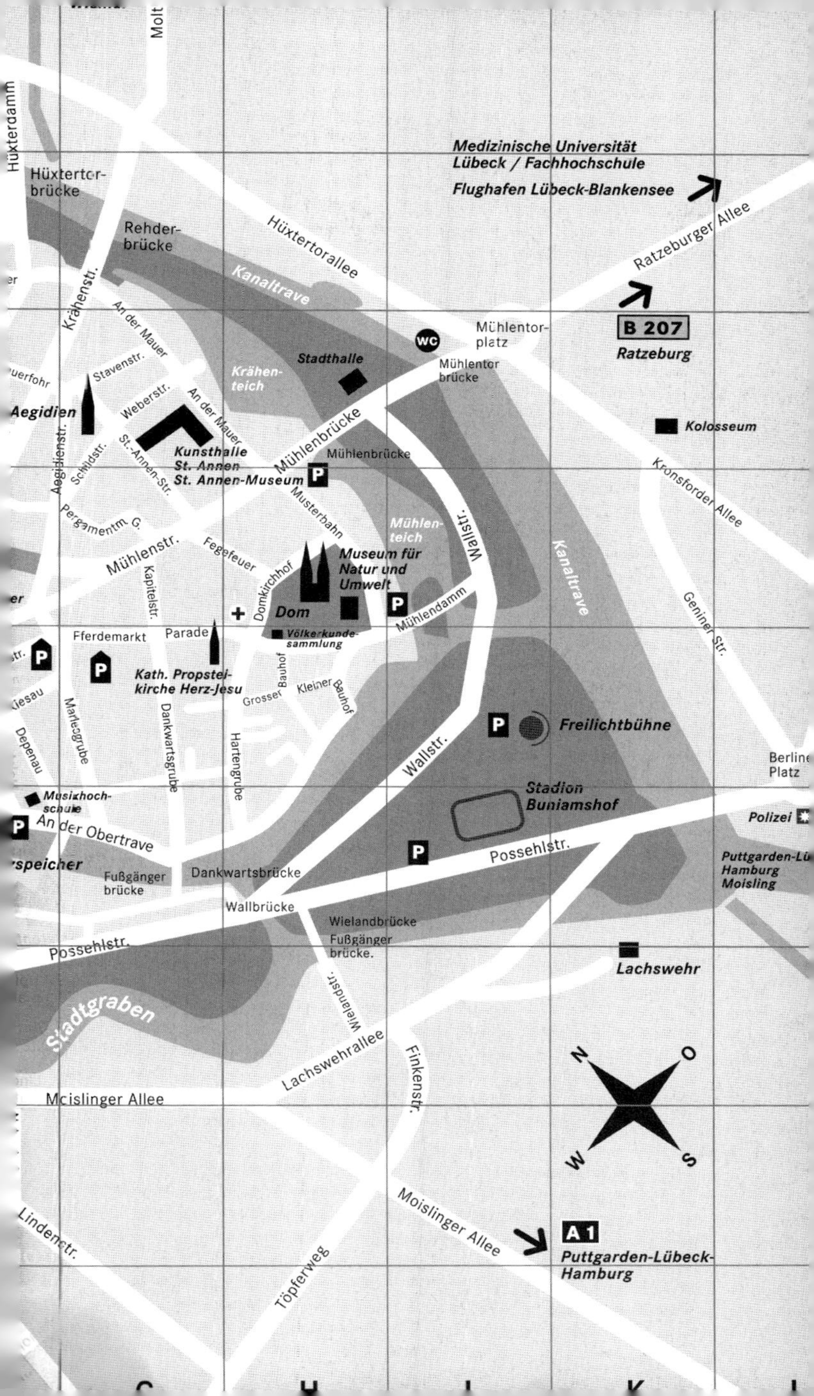

Hüxterdamm
Hüxtertor-brücke
Rehder-brücke
Hüxtertorallee
Kanaltrave
Medizinische Universität Lübeck / Fachhochschule
Flughafen Lübeck-Blankensee
Ratzeburger Allee
B 207
Ratzeburg
Mühlentor-platz
Mühlentor brücke
WC
Stadthalle
Krähen-teich
Krähenstr.
An der Mauer
Stavenstr.
Aegidien
Weberstr.
Kunsthalle St. Annen
St. Annen-Museum
Mühlenbrücke
Aegidienstr.
Schildstr.
St.-Annen-Str.
Pergamentm. G.
Mühlenstr.
Fegefeuer
Musterbahn
Mühlen-teich
Museum für Natur und Umwelt
Wallstr.
Kolosseum
Kronsforder Allee
Geniner Str.
Kapitelstr.
Domkirchhof
Dom
Mühlendamm
Völkerkunde-sammlung
Parade
Pferdemarkt
Kath. Propstei-kirche Herz-Jesu
Grosser Bauhof
Kleiner Bauhof
Freilichtbühne
Marlesgrube
Dankwartsgrube
Hartengrube
Depenau
Berliner Platz
Stadion Buniamshof
Musikhoch-schule
An der Obertrave
Polizei
Possehlstr.
Puttgarden-Lübeck Hamburg Moisling
Fußgänger brücke
Dankwartsbrücke
Wallbrücke
Wielandbrücke
Fußgänger brücke.
Lachswehr
Wielandstr.
Stadtgraben
Lachswehrallee
Moislinger Allee
Finkenstr.
N
O
W
S
A 1
Puttgarden-Lübeck-Hamburg
Lindenstr.
Töpferweg
H
I
K

Internetadressen

www.luebeck.de (offizielle Homepage der Stadt)
www.schlutup.de
www.travemuende.de
www.vlga.de (Verein für Lübeckische Geschichte und Altertumskunde)
www.holstentor.info (Geschichte der Hansestadt Lübeck)
www.kath.mrstec. (Infos u. a. zur Geschichte des Katharineums)
www.museen-luebeck.de (Museen der Stadt Lübeck)
www.buddenbrookhaus.de (Heinrich-und-Thomas-Mann-Zentrum)
www.uni-luebeck.de (Universität)
www.mh-luebeck.de (Musikhochschule)
www.muk.de (Musik- und Kongresshalle)
www.lhg-online.de (Lübecker Hafen-Gesellschaft)
www.ln-online.de („Lübecker Nachrichten")
www.stadtzeitung.luebeck.de
www.ultimo-luebeck.de (Stadtmagazin)

Bildnachweis

akg-images, Berlin: S. 85, 95, 111
Amt für Lübeck-Werbung und Tourismus, Lübeck: S. 129
Autor: S. 21 (Foto: Joëlle Weidig), 28, 32, 33, 38, 43, 45 (Foto: Kranz-Paetour), 47, 57, 59, 60, 69, 77, 82, 88, 102, 107, 118, 120, 123, 130, 135, 139, 142, 152 (Foto: Herbert Jäger, Badendorf), 157
Drägerwerk AG, Lübeck: S. 125
Gemeinnütziger Verein e.V. Schlutup, Lübeck: S. 147
Lübecker Hafen-Gesellschaft mbH: S. 113 (Foto. LHG/Vögele)
MIKADO Werbung & Kommunikationsdesign, Lübeck: S. 10
Nach: Peter Sahlmann, Die alte Reichs- und Hansestadt Lübeck. Veduten aus vier Jahrhunderten. Veröffentlichungen zur Geschichte der Hansestadt Lübeck. Reihe B Band 23, Lübeck 1993: S. 17
Possehl-Stiftung, Lübeck: S. 115
ullstein bild, Berlin: S. 67

Stadtplan: Lübeck und Travemünde Tourist-Service GmbH, Lübeck